国家出版基金项目
NATIONAL PUBLICATION FOUNDATION

"十二五"国家重点图书出版规划项目

主编 林明华

U0627313

越南
社会文化与投资环境

YUENAN SHEHUI WENHUA YU TOUZI HUANJING

第一辑

《文化与投资环境》系列丛书　广东国际战略研究院　组编

中国出版集团

世界图书出版公司

图书在版编目（CIP）数据

越南社会文化与投资环境 / 林明华主编. —广州：
世界图书出版广东有限公司，2012.12
ISBN 978-7-5100-1839-8

Ⅰ．①越… Ⅱ．①林… Ⅲ．①越南—概况
②投资环境—概况—越南 Ⅳ．①K933.3 ②F133.3

中国版本图书馆CIP数据核字（2012）第305452号

越南社会文化与投资环境

策划编辑： 陈　岩
项目负责： 卢家彬　刘正武
责任编辑： 魏志华
出版发行： 世界图书出版广东有限公司
（广州市海珠区新港西路大江冲25号　邮编：510300）
电　话： 020-84451969　84459539
网　址： http://www.gdst.com.cn
经　销： 各地新华书店
印　刷： 虎彩印艺股份有限公司
版　次： 2014年2月第2版　2019年5月第5次印刷
开　本： 880mm×1230mm　1/32
印　张： 6.375
ISBN 978-7-5100-1839-8/K・0167
定　价： 25.00 元

总　序

　　东盟是中国的近邻，与中国政治、外交关系密切，经贸往来十分频繁，中国与东盟的经贸合作意义重大。2010年中国－东盟自由贸易区启动，彼此的重要性以及经济上的互相影响更为凸显。广东地处南粤，与东盟各国或一衣带水，或山水相连，历史上商贸往来密切——下南洋曾经是广东人特有的"地理大发现"。随着广东经济增长模式转型和对外贸易方式转变，借自由贸易之利，全面强化、提升与东盟的经贸关系对广东未来经济发展至关重要。正是由于上述原因，东盟始终是广东国际战略研究院关注的重点。

　　近年广东国际战略研究院陆续推出了一系列有影响力的研究成果，或为政府战略决策提供依据，或为商界开拓市场提供参考。这套《东南亚社会文化与投资环境》系列丛书是研究院近期推出的又一力作。其主旨在于为政府及相关人员提供一套关于东盟政治、经济、文化的参考文献，供他们放在案头随时备查；特别是为有意投资东盟十国的商家、企业提供可靠的信息，作为走入东盟的路径指南；也为其他对东盟感兴趣的人士提供权威且全面的经典之作。

　　这套丛书分为十本，每本按国别独立成册。丛书各分册在体例编排上基本相同，主要内容虽各有侧重，但均以一国之经济为核心，涵盖以下几个方面：一、经济状况。描述该国经济发展、变革的历史过程，解读其经济体制的现状及未来趋势，汇总经济发展水平的各项指标，并对其经济发展进行简单评价。二、产业特点。介绍其资源禀赋的优劣势，归纳分析产业布局重点和特点，简要分析产业发展趋势以及与中国产业结构的异同。三、财政金融。介绍其财政、金融组织架构，分析财政、金融政策的特点，介绍融资市场规模及其影响力等，发掘与中国相关金融政策对接的可能性。四、商业机会。根据其资源特点和政策导向以及产业结构的现状，结合中国企业的对外投资优势，介绍潜在的投资领域和行业。除了上述内容之外，书中也概括地介绍该国的政治、文化、教育、风物以及外交情况，其中与中国的往来关系更是必备内容。书中附录收集该国的法律法规、政策指南以及政府、商业和企业信息，以备读者查阅。

我们力求使本丛书具备以下几个特点。一、求真。这是一套通识类读物，意在让读者一册在手，所需真实信息尽收眼底。二、求新。我们力求使用最新的资料，并向读者提供获得最新信息，或更新资料的渠道。三、求精。我们在编纂过程中通过精心安排结构，精心取舍材料和提炼观点，最大限度地让读者在获得通识的基础上取精用宏，满足他们更高层次的阅读要求。四、求实。我们在简洁的分析和解读的基础上，努力追求"工具化"的目标，通过覆盖面最广的资料和数据，使其具有工具书一样的功能。当然摆在读者面前的这套丛书距此理想仍有差距，希望读者多多批评指正。

这套丛书从筹划到正式出版历时近两年，该丛书的出版是许多人共同努力的结果。感谢中国出版集团、世界图书出版公司在本书出版过程中的支持和帮助；感谢北京大学、北京外国语大学、广东外语外贸大学各个语种的专家教授以及参与编撰的所有作者，正是他们的辛苦付出和鼎力支持成就了这套丛书。最后特别要感谢广东外语外贸大学非通用语种教学与研究中心主任林秀梅教授，她为丛书的出版做出了大量重要和无私的贡献。

2012年10月1日

前　言

越南社会主义共和国位于我国南面，不仅在陆地上与我国广西、云南两省区接壤，而且通过北部湾与我国广东、广西、海南三省区"隔水相望"，是我国山水相连的重要邻邦。

近些年来，随着越南革新开放的逐步深化、社会经济文化的不断发展、融入地区和国际经济的步伐日益加快，也随着中越两国关系在各个领域的稳定推进，越来越多的中国人以访问考察、投资经商、参观、旅游、访学以及走亲访友等为目的而走进越南。

走进越南需要了解越南。为了帮助有意走进越南的中国人以最便捷的方式了解越南这个国家和民族乃至其地理、历史、政治、经济、社会文化、生活习俗的方方面面，尤其是赴越投资、经商、招标、设厂等需要关注的法律法规和注意事项，我们编写了《越南社会文化与投资环境》一书，旨在向广大读者提供准确、新颖、实用而又简明的相关知识、资料和数据，希望能让读者开卷有益，增进对越南的了解，更好地走进越南。

《越南社会文化与投资环境》全书共含6章，第一章"国家概述"、第二章"经济概况"和第六章"中越关系"由林明华执笔，第三章"社会文化"由蒙琳撰写，第四章"政策法规"和第五章"投资指南"由陈继华撰写，"附录"部分主要由陈继华负责。全书由林明华统稿、润色。

因编写时间仓促，且水平有限，本书疏漏和欠当之处在所难免，敬候方家和广大读者不吝赐教。

编者

2012年9月

目
Contents
录

目录
Contents

目
Contents
录

第一章
国家概述

本章导读

☆越南（Vietnam），全称"越南社会主义共和国"，是一个以越（京）族为主体、由54个民族组成的多民族国家，同时也是一个在越南共产党的领导下、实行人民代表制的社会主义国家。地形狭长，河流密布，属热带季风气候区的越南位于中南半岛东部，其历史悠久而曲折，近现代饱受战火洗礼，当下则以革新开放所呈现出来的生机与活力瞩目于世。

第一节　国家和民族

一、国旗

越南国旗通称"金星红旗"，旗底红色，长方形，宽度为长度的三分之二，旗中心为一枚五角金星。红色象征革命，金星象征越南劳动党，金星的五个角分别代表工人、农民、士兵、知识分子和青年。

越南国旗

二、国徽

越南国徽呈圆形；红色的圆面上方镶嵌着一颗金黄色的五角星；下端是一个金黄色的齿轮，象征工业；圆面周围对称地环绕着两捆由红色饰带束扎的稻穗，象征农业；金色齿轮下方的饰带上用越文标注"越南社会主义共和国"。

越南国徽

三、国歌

越南的国歌是《进军歌》。《进军歌》由作曲家文高创作于1944年底，越南民主共和国建立后，被第一届国会第2次会议正式确定为国歌。1976年7月2日，统一的越南国会通过决议，确定《进军歌》为越南社会主义共和国国歌。

四、人口

根据2010年的数据，越南人口总数为8,693万人。其中，男性人口4,297万、约占49.4%，女性人口4,396万、约占50.6%；城镇人口2,601万、约占29.9%，农村人口6,092万、约占70.1%；15岁以上人口5,051万，劳动人口4,621万。越南人的平均寿命为72.9岁（男性70.2岁，女性75.6岁）。

五、民族

越南是一个多民族国家，共有54个民族。越族（又称京族）是越南的主体民族，约占全国总人口的87%，其他少数民族人口约占全国总人口的13%。

越南的少数民族主要生活在山区，包括东北、西北、西原地区以及中部以南和南部各省。人口较多的少数民族为：岱依族、泰族、芒族、高棉族、侬族、赫蒙（苗）族、瑶族、嘉莱族、埃地族等。在越南的华人被归为"华族"，约有100万人。

从语言谱系角度划分，越南54个民族的语言分别属南亚语系、汉藏语系和南岛语系。

在南亚语系中，属越—芒语族的民族有4个：越（京）族、哲族、芒族、土族；属壮侗语族的民族有12个：布依族、热依族、佬族、卢族、侬族、山泽族、岱依族、泰族、仡老族、拉支族、拉哈族、布标族；属苗瑶语族的民族有3个：瑶族、赫蒙（苗）族、巴天族；属孟—高棉语族的民族有21个：巴拿族、布娄族、布鲁—云乔族、遮罗族、戈族、格贺族、仡都族、叶坚族、赫雷族、抗族、高棉族、克木族、麻族、莽族、墨侬族、俄都族、勒曼族、达渥族、欣门族、色登族、斯丁族。

在汉藏语系中，属汉语族的民族有3个：华族、艾族、山由族；属藏缅语族的民族有6个：贡族、哈尼族、拉祜族、倮倮族、夫拉族、西拉族。

属南岛语系马来—玻里尼西亚语族的民族有5个：占族、朱鲁族、埃地族、嘉莱族、拉格莱族。

越南实行平等、团结、互助的民族政策，严禁一切民族歧视和分裂行为；各民族有权使用自己的语言、文字，有权保持自己的民族本色和发挥自己优良的风俗、习惯、传统与文化；政府实行全面发展政策，逐步提高少数民族群众的物质和文化生活，不断促进少数民族地区的经济、社会发展。

第二节　地理与气候

一、地理位置

越南地处中南半岛东部，北边与我国云南、广西交界，西边与老挝、柬埔寨接壤，东北面临北部湾，东南面对南海，西南濒临暹罗湾，海岸线长约3,260公里，国土面积约32.95万平方公里。

越南地势由西北向东南倾斜。地形弯曲狭长，中间细，两头宽，呈"S"形。南北长近1,650公里，东西最宽处约600公里，最窄处仅50公里。

越南位于北纬8度至23度、东经102度至109度之间，南北纵跨约15个纬度、东西横跨7个多经度，全部国土都在北回归线以南，最北端距北回归线仅十多公里，最南部距赤道约900公里，属热带地区。其狭长而弯曲的陆地和海洋紧密相连，内陆距海洋最远处不到500公里，最窄处仅几十公里，绝大部分地区同时受到大陆和海洋季风影响，因此，越南属于热带季风气候区，其气候特点是：高温、多雨、刮季风、湿度大。

二、山脉和高原

山脉和高原约占越南全国土地总面积的3/4。越南的大部分山脉都起源于中国，其东北部的山脉属于十万大山系统，其北部的其他山脉大多起源于云贵高原，长山山脉则系横断山脉在中南半岛的延续。

越南的山脉和高原集中在北部和中部地区，主要包括红河以北山区、红河以南山区、长山高原地区三大块。红河以北山区地势不高但结构复杂，以石灰岩结构为主，越南著名的避暑胜地三岛山和鸿基煤矿就位于这一地区。红河以南山区是越南全国地势最高、地形最险阻的山区，其中的黄连山山脉主峰番西邦峰高3,100多米，被誉为"越南的屋脊"，著名的奠边府也位于此地区。长山高原由老挝的镇宁高原延伸至越南，全长1,200公里，高约2,000米，可分为北、南两段。北长山山脉，长560公里，平均高度约1,000米，是越南和老挝两国之间的天然边界。其东侧在越南，坡度陡峻；西侧在老挝，地势较平缓。狭长的北长山由多条并列的山脉组成，山脉之间的山谷构成自然通道。南长山山脉，长640公里，呈南北走向，拥抱整个西部高原地区（即西原），与西原连成一体。长山山脉是越南的脊梁，它和南北两大平原共同构成越南地形的基本面貌。

三、河流

越南全国大大小小的河流共有2,800多条，总长约4.1万公里。除了高平省的平江和谅山省的奇穷河流入中国的西江和北仑河后向东流注入北部湾外，其余河流都从西北向东南流泻入海。

越南最著名的河流是红河和湄公河。

红河又名珥河，是越南最长的河流。红河发源于中国云南省大理，在中国境内叫元江，长600多公里，经河口、老街流入越南，在越境内长510公里。红河的两大支流沱江和泸江，也都发源于我国的云南。沱江又叫黑水河，位于红河右岸，长540公里；泸江位于红河左岸，长270多公里。红河经老街、安沛流至越池，与沱江、泸江汇合，越池以下河段叫滔江。红河上游山高岭峻，地势险阻，河流落差较大，水流湍急，越池以下地形较平坦，江面渐宽，流速放慢，泥沙容易淤积，导致河床越来越浅。故当雨季来临，河水上涨，山洪爆发，水位急升，洪水带来决堤的威胁不可低估。

湄公河全长4,350公里，是中南半岛最长的河流，也是世界第10大河流。该河发源于中国青藏高原，在中国境内叫澜沧江，流经缅老边界、老挝、老泰边界，穿过柬埔寨中部，最后经越南南部入海。湄公河在越南境内长220公里，有前江和后江两大支流，流入三角洲地区后又分为若干支流，经9个河口泻入南海，因而又被称为"九龙江"。

四、平原

越南的平原面积约占全国土地总面积的1/4。北方的红河平原和南部的湄公河平原是越南最大的两个平原。

红河平原由红河及北方另一重要河流——太平河的淤泥冲积而成。它以越池为顶端，以广宁省的广安和清化省的峨山为底端，越池至广安、峨山各长约140公里，广安至峨山长约160公里，构成接近于一个等边三角形。红河平原平均海拔低于5米，越池地区的海拔约13米，而靠海的低处海拔还不足1米。整个平原从西北向东南倾斜，河渠纵横，地势低平，偶有丘陵夹杂其间。平原面积约1.5万平方公里，占越南北方面积的13%左右，是北方的大粮仓。

湄公河平原，也叫九龙江平原，由湄公河淤泥冲积而成，面积约4万平方公里，是红河平原的两倍多，而平均高度仅为海拔3米左右，地势比红河平原更显低平。平原上天然河流和人工运河、渠道纵横分布，组成稠密的水网，每逢汛季，河水上涨，整个平原变成水的世界，人们的生活几乎全靠舟船。湄公河平原土地肥沃，物产丰富，是越南最富饶的鱼米之乡。法殖民统治时期，西贡就以"世界三大米市之一"著称，如今，越南向世界各国出口的大米，仍主要产自这里。

除了红河、湄公河两大平原外，在越南的中北部和中部沿海地区还有若干小平原，如清化平原、义安平原、河静平原和（广）平（广）治（承）天平原、广南—义平平原、富庆—平顺平原等，面积大的有4,000多平方公里，小的不足2,000平方公里。

五、温度

越南的年日晒时长为1,500～2,000个小时，年均气温在21～27摄氏度之间，冬季绝对低温为10～15摄氏度，夏季绝对高温为39～42摄氏度。各地最高气温差别不大，夏天，河内平均温度为23摄氏度，顺化平均温度为25摄氏度，胡志明市平均温度为26摄氏度；最热时，河内温度超过42摄氏度，顺化约40摄氏度，胡志明市则在41摄氏度左右。但各地最低气温的差别却相当大，最冷时，河内气温低于3摄氏度，顺化低于9摄氏度，胡志明市约13摄氏度。

越南各地的气候因纬度不同和地形高低而呈现较大差别：

北方属于典型的热带季风气候区，一年春、夏、秋、冬四季相对分明，气温最高的月份是7月和8月，气温最低的月份是12月和1月；南方气候相对温和，最热和最冷的月份分别是4月和12月，平均温差只有3～4摄氏度，因而没有四季之分，人们习惯于将一年区分为雨季和旱季。

六、雨量

越南是世界上降雨量较多的国家，年均降雨120～150天，年均降雨量为1,800～2,000毫米。约80%的雨量集中在雨季（5—10月），旱季（11月—次年4月）则雨水较少。各地均有雨量失常的情况发生，历史上，河内降雨量最多的年份有2,700多毫米，降雨量最少的年份不到1,300毫米；顺化降雨量最多的年份超过4,300毫米，降雨量最少的年份只有1,800多毫米；胡志明市降雨量最多的年份为2,700多毫米，降雨量最少的年份约1,550毫米。

七、风制

越南受信风和季风影响，以季风影响为主。

每年夏季，赤道海洋风从东南方向进入越南北方，习称为"东南季风"；从西南方向进入越南南方，习称为"西南季风"。其特点是潮湿、多雨。而3、4月间和10—12月，太平洋信风从东南方向进入北方，因此称为"东南风"；从东北方向进入南方，因此又称为"东北风"。其特点是干热。只在越南北方活动的东北季风，11月—次年1月从陆地进入，带来干燥和寒冷；1—3月从海上吹来，稍冷之中夹带着蒙蒙细雨。每年5—8月，西南季风从印度洋经老挝进入越南中部和西北地区，特点是干燥、灼热，有些越南人将这种"焚风"习称为"老挝风"。

此外，越南还是台风活动较为频繁的国度。每年7—11月为台风多发期，其中，北方、中部以北、中部以南、南方的台风季节分别在7—9月、7—10月、9—11月、10—12月。越南中部沿海地区易遭台风袭击，南部较少受到台风的影响。

八、湿度

海岸线漫长，河流众多，雨量充沛，导致越南空气湿度大。年均相对湿度在80%～86%之间，湿度接近于饱和状况。最潮湿的时间是3、4月份，屋内潮气累积成串串水珠，沿着墙壁滑落下来是常见的景象。

第三节　行政区划

一、区域划分

越南全国共划分为63个省市，包括河内、海防、胡志明市、岘港、芹苴市等5个中央直辖市和58个省。

根据地理环境和自然条件，可将越南全国划分为以下6大区域：

（1）红河平原11省市：河内市、永福、北宁、广宁、海阳、海防市、兴安、太平、河南、南定、宁平。

（2）北部山区14省：河江、高平、北件、宣光、老街、安沛、太原、谅山、北江、富寿、奠边、莱州、山萝、和平。

（3）中部北区和沿海地区14省市：清化、义安、河静、广平、广治、承天—顺化、岘港市、广南、广义、平定、富安、庆和、宁顺、平顺。

（4）西原地区5省：昆嵩、嘉莱、多乐、多农、林同。

（5）南部东区6省市：平福、西宁、平阳、同奈、巴地—头顿、胡志明市。

（6）九龙江平原地区13省市：隆安、前江、槟椥、茶荣、永隆、同塔、安江、坚江、芹苴市、后江、朔庄、薄寮、金瓯。

二、首都河内

河内，古称古螺、大罗、龙编等。公元1010年李朝建立时定为京都，改名"升龙"，胡朝时期改称"东都"，后黎朝时称为"东京"。从李朝到后黎朝，河内一直是越南封建国家的京都（阮朝定都顺化）。越南沦为殖民地之后，法殖民当局于1888年正式建立"河内市"。从1902年开始，河内被法殖民当局确定为印度支那联邦的政治中心。1945年"八月革命"胜利后，河内成为越南民主共和国的首都。

河内是越南的政治、经济、文化中心。河内原有还剑、巴亭、栋多、二征夫人、西湖、青春、纸桥、黄梅、龙编等9个郡和嘉林、东英、清池、慈廉、朔山等5个郊区县，2008年8月1日扩大地界时将整个河西省及永福、和平省个别县、乡并入河内辖区后，河内市的面积增至3,324.9平方公里，在全国63个省市中排名第一；人口接近644.88万（2009年4月1日全国人口普查数据），在全国63个省市中排名第二。

著名的还剑湖位于市中心，离还剑湖不远的旧街区以及分布市内的文庙、独柱寺、大教堂、巴亭广场、胡志明故居等，都是令国内外游客流连忘返的去处。

三、胡志明市

胡志明市，原名西贡。西贡正式立市于公元1698年嘉定府设置之时。嘉定府在阮朝时期改为嘉定镇，1836年又改称嘉定省，其省治嘉定城大致相当于法属时期的西贡市。1954年以后，西贡成为南越伪政权的"首都"。1975年4月30日，西贡获得解放。1976年7月2日，统一后的越南国会决定将西贡更名为"胡志明市"。

胡志明市是越南南方的政治、经济、文化中心，辖有1郡、2郡、3郡、4郡、5郡、6郡、7郡、8郡、9郡、10郡、11郡、12郡、鹅邑郡、新平郡、富润郡、平盛郡、守德郡、新富郡、平新郡等19个郡和平政县、霍门县、芹荙县、古芝县、芽皮等5个县，其面积约2,095平方公里，人口达716万多人（2009年4月1日全国人口普查数据）。

胡志明市拥有越南最大的港口西贡港和最大的国际机场新山一机场。此外，国内外游客参观、休闲和购物的较佳场所有统一宫、莲潭公园、古芝地道和槟城市场等。

第四节　越南简史

一、古代史

越南，古称"交趾"、"安南"。"交趾"一词既可泛指古代中国五岭以南地区，又可用作古代越南之别称，其地域大致相当于如今越南的中部和北部地区。"安南"一词则首见于公元7世纪下半叶。公元679年，唐朝在今属越南中部、北部地区设安南都护府，"安南"因此得名。

据越民间传说《鸿庞氏》（或称《雒龙君传》）记载，早在公元前上千年，雒越族的首领"雄王"就在红河流域中下游地区建立了"文郎"国，后来改称"瓯雒"国。越南人因此将"雄王"视为自己的始祖，每年农历三月初十，都要在永福省的雄王庙举行盛大的祭祖仪式，以示纪念。

据史书记载，自公元前200多年，越南中部、北部地区就被纳入中国版图，成为隶属中国封建王朝管辖下的郡县。公元968年，安南地区豪强丁部领削平内乱，肃清群雄，建立"大瞿越"国。丁朝的建立，标志着越南正式摆脱中国封建统治，走上独立自主的发展道路。越南封建国家经丁朝（968—980年）、前黎朝（980—1009年）、李朝（1010—1225年）、陈朝（1225—1400年）、胡朝（1400—1407年）、后黎朝（1428—1788年）、西山朝（1778—1802年）、阮朝（1802—1945年），历时900多年。李陈时期是越南封建国家从雏形走向成熟的时期，后黎朝在黎圣宗统治时发展至越南历史上最鼎盛的阶段，西山朝是唯一由农民起义建立的封建政权，阮朝则是越南历史上最后一个朝代。越南现在的版图基本上是在阮朝时期形成的，"越南"这一国名也是在阮朝建立之初确定和沿用至今的。

二、近代史

公元1858年9月1日，法国以保护传教士为名，纠合西班牙军力，组成联合舰队，轰击位于越南中部的岘港，揭开了侵略越南的战争序幕。在占领嘉定城（即今胡志明市）和南部各省后，法国侵略者多次挥师北上，攻占河内等北方省市，并进逼阮朝京城顺化。1884年6月，阮朝政府被迫与法国殖民主义者签署了第二次《顺化条约》，"接受"法国的"保护"。从此，越南完全沦为法国殖民地。在法国占领和殖民期间，越南人民一次次奋起抗争，但均以失败告终。第二次世界大战爆发后，

1940年9月，日本侵略军进入越南，与法国达成协定，"共同防守印度支那"。1945年3月9日，驻越日军发动政变，解除法军武装，独占越南。1945年8月，日本战败，无条件投降，越南人民在印度支那共产党的领导下，夺取了"八月革命"胜利。1945年9月2日，越南民主共和国宣告成立。

三、现代史

越南民主共和国建立伊始，法帝国主义即卷土重来，越南人民被迫进行了九年（1946—1954年）的抗法战争。1954年5月7日奠边府大捷、7月21日内瓦协议签署后，以北纬17度线为界，越南被分割为南北两方。从1961年开始，为了民族的解放和国家的统一，越南人民又进行了十多年的抗美救国战争，先后粉碎了美伪集团在南方发动的"特种战争"（1961—1964年）、"局部战争"（1965—1968年）和"越南化战争"（1969—1973年）以及对北方进行的"破坏性战争"。1973年1月27日，在越南停止战争、恢复和平的《巴黎协定》签署后，美国军队撤出越南。1975年春季，越南军民发起南方解放战争，于4月30日解放了西贡，5月2日南方全境获得解放，抗美救国战争取得彻底胜利。1976年6月24日至7月3日举行的第六届国会决定，自7月2日起，越南正式实现国家统一，并将国名改名为"越南社会主义共和国"。

越南统一后不久，即陷入日益深重的经济和社会危机。1986年12月，越南开始实行革新开放政策，率领国家逐渐摆脱危机，进入工业化、现代化建设时期。

第五节 越南政治

一、政治制度

1945年9月2日，越南民主共和国成立后不久即颁布法令，着手制宪。1946年1月举行全国普选，产生第一届国会。1946年11月9日，越南国会通过第一部宪法。1959年12月31日，国会通过第二部宪法。全国统一后，越南国会于1980年12月18日通过第三部宪法。1992年4月15日，实行革新开放后的越南国会通过第四部宪法。第四部宪法是越南的现行宪法。

现行宪法明确规定：越南社会主义共和国是属于人民、来自人民和为了人民的国家。一切国家权力属于以工人阶级和农民阶级以及知识分子阶层联盟为基础的人民。越南共产党是越南工人阶级的先锋队，是越南工人阶级、劳动人民和全体民族利益的忠诚代表，坚持马列主义和胡志明思想，是越南国家和社会的领导力量。

现行宪法还明确规定：越南发展社会主义定向的、在国家的管理下、按照市场机制运行的多种成分商品经济。2001年4月召开的越共"九大"将这一经济制度概括为"社会主义定向的市场经济"。越南所实行的多种成分经济包括国有经济、集体经济、私营经济、国家资本主义经济和外资经济。其中，以国有经济为主导，力使国有经济和集体经济日益成为国民经济的坚实基础。

越南的国家政权组织形式是人民代表制。

二、越南共产党

越南共产党是执政党，也是越南唯一的政党。越南共产党的党章明确规定，越南共产党是越南工人阶级的先锋队，同时也是越南劳动人民和全民族的先锋队，是工人阶级、劳动人民和全民族利益的忠诚代表。越南共产党以马列主义、胡志明思想作为思想基础和行动指南，以民主集中制作为基本组织原则，实现集体领导，个人负责。越南共产党领导政治系统，同时又是政治系统的一个组成部分。越南共产党领导国家、越南祖国阵线和各政治、社会团体，并尊重、发挥其作用。越南共产党在宪法和法律框架内进行活动。

（一）发展历程

越南共产党于1930年2月3日在中国香港九龙成立。同年10月，在中国香港举行第一次中央委员会会议，决定将党的名称改为"印度支那共产党"，选举陈富为党的总书记。1935年3月，印度支那共产党在中国澳门召开第一次代表大会，选举黎鸿峰为党的总书记，"一大"至"二大"期间，继黎鸿峰之后，何辉集（1936年7月）、阮文渠（1938年3月）、长征（1941年5月）相继出任党的总书记。1945年，印度支那共产党领导人民夺取"八月革命"胜利，建立"越南民主共和国"。抗法战争期间，印度支那共产党于1951年2月在越北解放区（宣光）召开第二次全国代表大会。"二大"决定将党的名称改为"越南劳动党"，胡志明和长征分别在这次大会上当选为中央委员会主席和总书记。1960年9月，越南劳动党在河内举行第三次全国代表大会，大会选举胡志明为中央委员会主席，黎笋当选为中央第一书记。越南南方解放、全国统一后，越南劳动党于1976年12月召开第四次全国代表大会，决定将党改名为"越南共产党"，选举黎笋为中央总书记。1983年3月，越南共产党召开第五次全国代表大会，黎笋再次当选为中央总书记。1986年7月10日，黎笋病故；7月14日，越共中央召开特别会议，选举长征为中央总书记。1986年12月，越南共产党第六次全国代表大会在河内举行。"六大"高举"正视事实、正确评价事实、讲清楚事实"的旗帜，检讨党在"重大的方针、政策及战略指导和组织落实方面"所犯下的严重错误，提出了全面革新的路线，大会选举阮文灵为中央总书记，长征出任中央顾问。1991年6月，越南共产党第七次全国代表大会在河内举行，杜梅当选为中央总书记，阮文灵出任中央顾问。越共"七大"通过了《社会主义过渡时期国家建设纲领》和《1991至2000年经济社会稳定和发展战略》等文件，经修改的《越南共产党章程》首次明确规定"越南共产党以马列主义、胡志明思想作为思想基础和行动指南"。1996年6月，越南共产党召开第八次全国代表大会，杜梅再次当选为中央总书记。"八大"认为越南已基本摆脱经济、社会危机，进入工业化、现代化建设时期，并制定了至2020年基本实现工业化、现代化的目标。"八大"指出，越南正面临着经济发展滞后、偏离社会主义方向、干部队伍腐败和官僚主义、敌对势力和平演变的"四大危机"。1997年12月，越南共产党召开八届四中全会，杜梅辞去中央总书记职务，出任中央顾问，全会选举黎可漂为中央总书记。2001年4月，越南共产党在河内召开第九次全国代表大会。"九大"提出以"社会主义定向的市场经济"作为社会主义过渡时期总的经济模式，大会选举农德孟为中央总书记。2006年4月，越南共产党第十次全国代表大会在河内召开，农德孟再次当选为中央总书记。2011年1月举行的越南共产党第十一次全国代表大会通过了《社会主义过渡时期国家建设纲领（修订）》、《2011至2020年经济、社会发展战略》等文件，大会选举阮富仲为中央总书记。

（二）党的组织

越南共产党现有党员3,600多万人，基层组织近5.4万个。全国代表大会是党的最高领导机关。党的全国代表大会由中央委员会召集，一般每5年举行一次，也可提前或延期举行，时间不超过一年。中央委员会是全国代表大会闭会期间党的最高领导机关，中央委员会全体会议一般每半年举行一次，必要时可召开特别会议。政治局是中央委员会休会期间、代表中央委员会领导党的工作的决策机构，总书记负责主持政治局会议，政治局由中央委员会选举产生，总书记由中央委员会从政治局委员中选举产生，任期不得超过两届。中央书记处负责处理中央日常事务，书记处成员由政治局指定的政治局委员和中央委员会选出的中央委员组成。越南共产党中央委员会下设6个机构：中央办公厅、中央组织部、中央宣教部、中央检查委员会、中央对外部、中央民运部。其中，中央检查委员会由中央委员会选举产生，中检委主任从中央检查委员会委员中选出。

（三）领导机关

越南共产党第十一届中央领导班子如下：

中央政治局（14人）：阮富仲（总书记）、张晋创、冯光清、阮晋勇、阮生雄、黎鸿英、黎青海、苏辉惹、范光毅、陈大光、丛氏放、吴文喻、丁世兄、吴春福。

中央书记处（10人）：阮富仲、张晋创（常务书记）、黎鸿英、苏辉惹、吴文喻、丁世兄、吴春历、张和平、何氏洁、阮氏金银。

中央检查委员会主任：吴文喻。

中央机关报是《人民报》（日报）。中央理论刊物是《共产主义杂志》（半月刊）。

阮富仲总书记简历：

1944年4月出生于河内市东英县，1967年12月加入越南劳动党。1967年7月至1996年8月在越共中央理论刊物《共产主义》

杂志社工作，历任编辑、党建部主任、机关党委书记、副总编、总编等职务；1981年9月至1983年7月赴苏联学习，获副博士学位。1994年1月在越共七届七中全国代表会议上被增补为中央委员；1996年6月在越共"八大"上再次当选为中央委员；1996年8月调任河内市委副书记。1997年12月在越共八届四中全会上获增补为中央政治局委员。1998年2月至2000年1月，负责党的思想、文化与科教工作；1998年3月至2001年11月任中央理论委员会副主任；2000年1月起出任河内市委书记；2001年11月起任中央理论委员会主任。2006年6月在十一届国会第九次会议上当选为国会主席。2011年1月在越共"十一大"上当选为中央委员会总书记。

三、国会

国会是越南人民的最高代表机关和国家的最高权力机关，拥有立宪权、立法权及对国家的全部活动行使最高监督权。每届国会任期为五年，通常每年举行两次会议，由国会常务委员会召集。在国会常务委员会认为有必要的情况下，或在国家主席、政府总理或至少1/3国会代表的要求下，可召开国会特别会议。

（一）国会权限

现行宪法赋予国会14项任务和权限，主要包括：

（1）制定和修改宪法、法律；

（2）根据宪法、法律和国会决议行使最高监督权；

（3）审议国家主席、国会、政府、最高人民法院和最高人民检察院的工作报告；

（4）制定国家经济、社会发展计划，国家财政、货币政策，国家财政预算，国家民族政策，对外基本政策等；

（5）选举、任免国家主席、副主席，国会主席、副主席和国会常务委员会委员，政府总理，最高人民法院院长，最高人民检察院院长；

（6）根据政府总理提名，任免政府副总理、各部部长和政府其他成员的人选；

（7）实行大赦等。

自1946年3月第一届国会产生至今，越南一共选举产生了十二届国会，其中第一至第五届为国家统一之前的越南民主共和国国会，第六至第十二届为国家统一后的越南社会主义共和国国会。按预定计划，第十三届国会代表于2011年5月选举产生，并在2011年7月召开第十三届国会一次会议。

（二）国会常务委员会

国会常务委员会是国会的常设机关，由国会主席、副主席及委员组成。国会常委会人数由国会决定，其成员不能同时是政府成员。国会常务委员会有12项任务和权限，主要包括：解释宪法、法律和法令，根据国会决定的问题颁布法令；监督宪法、法律、国会决议及国会常委会的法令、决议的实施情况，监督政府、最高人民法院、最高人民检察院的活动，停止、撤销实施政府总理、最高人民法院、最高人民检察院同宪法、法律和国会决议相抵触的决议；国会闭会期间，根据政府总理提名，批准任免副总理、各部部长及政府其他成员；国会闭会期间，当国家受到外来侵略时，决定宣布战争状态；决定总动员或局部动员，宣布全国或部分地区的紧急状态；开展国会对外关系活动等。

第十二届越南国会常务委员会委员由国会主席、副主席、民族委员会、法律委员会、司法委员会、经济委员会、财政—预算委员会、国防安全委员会、文化教育与青少年儿童委员会、社会问题委员会、科技与环境委员会、对外委员会等10个专门委员会主任、国会办公厅主任以及分别负责代表工作和民意工作的专职常委组成，共18人。

（三）国会主席

国会主席负责主持国会会议，签署国会的法律、决议，领导国会常务委员会的工作，组织落实国会对外关系活动，同国会代表保持联系。国会副主席根据国会主席的分工协助国会主席履行好职责。

现任国会主席阮生雄，副主席丛氏放（女，岱依族）、阮氏金银（女）、汪朱流、黄玉山。

（四）国会代表

国会代表是人民的意志和愿望的代表。《越南社会主义共和国国会代表选举法》规定，国会代表必须忠于祖国，为革新事业和民富国强而奋斗，具有履行国会代表职责、参与决定国家重大事项的水平和能力，有优良的道德品质，能模范遵守宪法和法律，并得到人民的信赖。国会代表依照"普选、平等、直接、无记名投票"的原则选举产生。国会代表有权向国家主席、政府总理、部长和政府其他成员、最高人民法院院长和最高人民检察院院长提出质询，被质询者必须在国会会议上予以回答。国会代表还有权要求国家机关、社会组织、经济组织、武装单位回答国会代表所关注的问题，上述机关、组织、单位的负责人有责任在法定时间内回答国会代表提出的问题。

根据选举法规定，国会代表不超过500人。第十三届国会代表500名。

（五）国家主席

国家主席是国家元首，是国家对内对外的代表，由国会代表选举产生，任期与国会任期相同。

现行宪法赋予国家主席12项任务和权限，主要包括：公布宪法、法律和法令；统率人民武装力量；建议国会选举或罢免国家副主席、政府总理、最高人民法院院长、最高人民检察院院长；根据国会或国会常务委员会的决议，任免政府副总理、部长和政府其他成员；宣布战争状态，发布大赦、特赦决定；任免、特赦召回驻外特命全权大使，接受外国特命全权大使证书等。

现任国家主席张晋创、副主席阮氏缘。

四、政府

现行宪法规定，政府是国会的执行机关，是最高国家行政机关。政府统一管理国家的政治、经济、文化、社会、国防、安宁和对外事务，保障从中央到基层的国家机构有效运行，保证尊重和执行宪法、法律，发挥人民在建设和保卫国家事业中的当家做主权，保证稳定，提高人民的物质生活和文化生活水平。政府对国会负责，在国会休会期间，对国会常务委员会负责。

（一）机构和权限

现行宪法赋予政府11项任务和权限，主要包括：建立和健全从中央到基层的统一的国家行政机构，领导政府所属机构和地方人民委员会的工作；保障宪法、法律得以执行；向国会和国会常委会呈递法律、法令和其他议案；统一管理国民经济的建设与发展，执行国家财政、货币政策，发展文化教育、医疗卫生、科学技术，实施经济社会发展计划和国家财政预算；采取措施保障公民的权利和合法利益；巩固和加强全民国防，保证国家安全、社会安宁；组织和领导国家机关反对官僚主义、贪污腐败，解决公民的申诉、上告问题；统一管理国家对外事务；实行社会政策、民族政策和宗教政策等。

越南政府由总理、副总理、各部部长及其他成员组成，政府任期与国会任期相同。根据总理的分工，副总理协助总理工作，总理不在时，由总理委托一位副总理领导政府工作。各部部长及政府其他成员对政府总理和国会负责。

本届政府下设22个部委，分别是：国防部、公安部、外交部、内务部、司法部、计划投资部、财政部、工商部、农业与农村发展部、交通运输部、建设部、资源环境部、信息与传媒部、劳动社会与荣军部、文化体育与旅游部、科学技术部、教育部、卫生部、民族委员会、国家银行、国家监察总署、政府办公厅等。现任国防部长冯光青、公安部长陈文光、外交部长范平明、计划投资部长裴光荣、财政部长王庭惠、工商部长武辉煌、教育部长范武论。

（二）政府总理

现行宪法赋予总理6项任务和权限，主要有：主持政府会议，领导政府及其成员和各级人民委员会的工作；向国会提交设立或取消各部或部级机关的议案，提名任免副总理、部长及政府其他成员职务，任免副部长职务，批准选举、免除、调动各省、直辖市人民委员会主席、副主席职务；停止执行或撤销各部部长、政府其他成员和各省、中央直辖市人民委员会及人民委员会主席同宪法、法律和上级国家机关决议相抵触的决定、指示、通知等。

现任政府总理阮晋勇，副总理黄中海、阮善仁、阮春福、武文宁。

阮晋勇总理简历：

1949年11月出生于金瓯省金瓯市，1967年6月入党。1961年11月参加越南南方解放武装力量，历任教导员、团政治处主任、省军事指挥部干部处处长等职。1980年代初期在阮爱国高级党校学习，相继担任坚江省委组织部副部长、省委常委兼河仙县委书记、省委常务副书记、省人民委员会主席、省委书

记。1986年12月在越共"六大"上当选为中央候补委员，1991
年6月在"七大"上当选为中央委员，1995年1月调内务部任副
部长。1996年6月在"八大"上当选为政治局委员，并连任"九
大"、"十大"和"十一大"中央政治局委员。1996年6月至
1997年8月被指定为政治局常委，兼任中央经济部部长。1997年
9月在越南第十届国会第一次会议上被任命为政府常务副总理，
负责经济和内政工作，曾先后兼任国家金融财政委员会主任、
国家银行行长、中央国有企业改革指导委员会主任、国家重点
项目建设指导委员会主任、中央预防和打击犯罪委员会主任等职。
2011年7月在第十三届国会第一次会议上当选为政府总理。

（三）地方政权机构

越南的地方政权由省、直辖市，县、郡，乡、坊三级人民
议会和人民委员会组成。

现行宪法规定，各级人民议会是国家在地方的权力机关，
由当地人民选举产生，向地方人民和上级国家机关负责。各级
人民委员会是本级人民议会的执行机关，是国家在地方的行政
机关，由各级人民议会选举产生，负责执行宪法、法律、上级
国家机关决议和人民议会决议等。目前，越南正在进行撤消
县、郡、坊级人民议会的试点工作，但乡级人民议会仍将保留。

五、司法机构

越南的司法机构由最高人民法院、最高人民检察院及地方
法院、地方检察院和军事法院组成。

（一）人民法院

越南的司法权由最高人民法院、地方人民法院和军事法院
行使。在需要审理特别案件的情况下，国会或国会常务委员会
可决定成立特别法庭。人民法院包括三级：最高人民法院、省

人民法院、县人民法院。最高人民法院是国家最高审判机关，监督地方人民法院、军事法院和特别法庭的审判工作。最高人民法院院长由国会选举产生，任期与国会任期相同。地方人民法院由同级人民议会产生。

现任最高人民法院院长张和平。

（二）人民检察院

越南检察机构由最高人民检察院、地方人民检察院和军事检察院组成。最高人民检察院对政府所属机关、地方国家机关、经济组织、社会组织和公民是否遵守法律进行检察，行使公诉权，保证法律得以严肃和统一执行。地方人民检察院、军事检察院在法定责任范围内对是否遵守法律进行检察，行使公诉权。人民检察院和军事检察院根据法律进行检察，在法定范围内行使公诉权。下级人民检察院院长接受上级人民检察院院长领导；地方各级人民检察院院长、各级军事检察院院长接受最高人民检察院院长领导。最高人民检察院院长由国会选举产生，任期与国会任期相同。

现任最高人民检察院院长阮和平。

六、政治组织和群众组织

（一）越南祖国阵线

越南祖国阵线成立于1955年9月，南北方统一后于1977年同越南南方民族解放阵线和越南民族、民主及和平力量联盟合并。1999年6月十届国会第五次会议通过的《越南祖国阵线法》规定，越南祖国阵线是政治联盟组织，各政治组织、政治与社会组织、社会组织以及各阶级、社会阶层、民族、宗教和海外定居越南人的个人代表的自愿联合；是越南共产党领导的越南政治系统的组成部分，是人民政权的政治基础。越南祖国阵线与中国的全国政协相似。

越南祖国阵线以"自愿、民主协商、相互配合和统一行动"为组织活动原则。其主要任务是：建设全民大团结，动员人民发挥当家做主权，执行党的路线、主张和政策，监督国家机关的活动，代表选民和国家干部、职工；集中人民的意见和建议，向党和国家反映；参与建设和巩固人民政权；关心、维护人民的正当权益；参与发展越南人民同本地区和世界各国人民之间的友谊与合作。

现任越南祖国阵线中央委员会主席是黄担。越南祖国阵线中央机关报是《大团结》报。

（二）群众组织

越南的群众组织主要有越南劳动者联合总会、胡志明共产主义青年团、越南妇女联合会等。

越南劳动者联合总会即总工会，成立于1946年7月20日，其前身为越南劳动者救国联合会。现任越南劳动者联合会主席邓玉松。

胡志明共产主义青年团成立于1931年3月26日，原名印度支那共产主义青年团，之后相继易名为民主青年团、反帝青年团、胡志明劳动青年团等。1976年底根据越共"四大"决议改为现名。现任团中央第一书记阮德荣。

越南妇女联合会成立于1946年10月20日，其前身为越南妇女救国会、越南妇女民族解放联合会。现任越南妇女联合会主席阮氏清和。

越南劳动者联合总会、胡志明共产主义青年团、妇女联合会和农民协会、老战士协会等群众组织，都是越南祖国阵线的成员组织，在越南共产党的领导下，在祖国阵线的架构内发挥参政、议政、监督等作用。

第二章
经济概况

本章导读

☆1986年至今的20多年来，革新开放与持续发展是越南经济的两大关键词。越南经济在革新开放中取得了长足的发展，革新开放使越南摆脱了经济社会危机，从世界上最贫穷的国家之一成为人均GDP约1,200美元的中低收入国家。进入21世纪以来，越南正在加快融入地区和国际经济的步伐，向现代化工业国家目标迈进。

第一节 经济革新与发展

越南的革新开放是在经济社会陷入危机时倒逼出来的。革新开放不仅使越南逐步摆脱了严重的经济社会危机，而且在向市场化转轨的力度和经济持续增长的速度等方面，取得了举世瞩目的成就。

一、经济社会危机

1954年抗法战争结束后，越南北方在劳动党的领导下完成了土地改革和社会主义改造，开始进入"社会主义过渡时期"，逐步推行计划经济模式。南方则在美国的扶持和援助下，实行资本主义的市场经济。

1975年越南南方解放，次年国家统一，全国"走上社会主义道路"，越南制定了雄心勃勃的经济社会发展计划。然而，在日趋僵化的计划经济模式和内政外交政策的一系列重大失误的影响下，越南经济非但没有实现预期目标，反而不断下滑。统一后的第一个五年计划即"二五计划"（1976—1980年）期间，国内生产总值计划年均增长14%～15%，实际增长仅为1.4%；工业产值计划年均增长16%～18%，实际增长0.6%；农业产值计划年均增长8%～10%，实际增长只有1.9%。人均粮食占有量从1976年的274公斤降至1980年的268公斤，作为产粮国的越南，每年不得不从国外大量进口粮食，1978年进口粮食190万吨，1979年进口粮食220万吨，1976—1980年，粮食进口量共计560万吨。生产停滞，物资短缺，通货膨胀居高不下，1976年物价指数上涨128%，1980年涨至189.5%，人民生活极度困难。

为了摆脱经济困境，从1979年8月开始，越南政府陆续出台相关调整政策，在农业、工业和商业流通领域试行"破除壁垒"式的局部改革，在一定程度上遏制了"二五"期间的经济下滑，工农业生产有所回升。然而，"三五计划"（1981—1985年）的许多指标依然落空。革新探索阶段的思想障碍和体制障碍尚未排除，尤其是1985年9月实施"休克疗法"式的"价格—工资—货币总调整"导致局势急剧恶化，物价指数一路飙升，1985、1986年分别高达587.2%和774.7%，危机日趋严重，经济濒于崩溃。

二、经济革新后的发展

（一）革新开放奏效

20世纪70年代末期开始的经济社会危机迫使越南进行革新探索，从实践和理论探索的成功与失误中提炼出来的经验与教训铺开了越南的全面革新之路。

1986年12月，越南共产党召开第六次全国代表大会。这次会议高扬"正视事实，正确评价事实，讲清楚事实"的旗帜，深刻检讨了党"在确定物质基础建设的目标和步骤以及社会主义改造和经济管理中"所犯下的严重错误，明确指出越南正处在社会主义过渡时期的"初始阶段"，强调"党必须在各个方面实行革新"，决定大力调整投资结构和产业结构，并着重实施"粮食—食品、消费品和出口商品"的"三大计划"。1987年12月29日，越南正式颁布《外国在越南投资法》。革新释放出来的能量以及对外开放带来的推助，使越南经济形势逐渐向好的方向转变。1989年，越粮食产量突破2,100万吨，不仅完全实现了粮食自给，而且出口大米近150万吨，1986—1990年GDP年均增长达到3.9%。

1990年代，市场取向的革新开放不断深化，从农业、工业、物价向流通、外贸、金融等领域延伸，经济增长逐步加速。1991—1995年GDP年均增长达到8.2%，其中，农业产值年均增长4.4%、工业产值年均增长12.7%、第三产业产值年均增长8.9%、外贸出口年均增幅达17.8%。与1986年相比，1995年GDP增长了83.7%，物价指数从774.7%下降为12.7%，为越南全国统一以来经济发展最好的时期。据此，1996年6月召开的越共"八大"宣布：越南已基本摆脱经济社会危机，进入工业化、现代化建设时期，并制定了至2020年基本实现现代化的战略目标。1997年东南亚金融危机的爆发，使与地区经济联系日益密切的越南经济遭受重大冲击，GDP增长从1996年的9.3%下滑至1997年的8.2%、1998年的5.8%和1999年的4.8%，引进外资和外贸出口等也受到较大影响。尽管如此，1996—2000年越南经济仍然取得GDP年均增速6.7%的佳绩，在东南亚地区乃至世界上均属较高的增长水平。

进入21世纪之后，越南继续深化革新、扩大开放，使得经济摆脱下滑，逐渐呈现增速加快态势。2002—2004年GDP进入7%以上的增长轨道，2005—2007年GDP增速持续超过8%，加入世贸组织的2007年增速为8.44%。2008年，在上一年度经济过热的滞后效应和全球金融风暴影响的双重夹击下，经济增长同比锐降了2个百分点，2009年GDP增长跌至5.32%，2010年开始走出谷底，GDP增长达6.78%。21世纪第一个十年，越南经济年均增长7.2%，2010年GDP按实际价格计算比2000年增长了1倍，经济总量突破1,010亿美元。

（二）人民生活不断提高

革新刚刚启动的1986年，越南人均GDP仅有86美元，是当时世界上收入最低的国家之一。随着经济的持续增长，人们的生活水平不断得到提高。2000年，人均GDP增至400美元；2007

年，人均GDP为833美元。以上数据是根据之前某一特定年份的可比价计算得出的。自2008年开始，越南政府对人均GDP的折算改为按当年越盾与美元的实际汇率折算（取年汇率波动的中间位），因此，2008年的人均GDP为1,024美元，2009年为1,055美元，2010年增至1,168美元。

随着经济的发展，越南的扶贫工作也取得显著成效，2010年全国贫困人口已降至历史低位，仅为9.5%。

第二节　三大产业

一、农业

越南的农业包括传统意义的农业、林业和水产业，即通称的第一产业。

农业在越南经济中具有非常重要的位置。在全国总人口中，农村居民约占70%，农业劳动力占社会总劳动力近50%。

越南拥有较为丰富的农业资源。农业用地约960万公顷，林地有1,470多万公顷，尚待开发、使用的土地约450万公顷。在农业用地中，水稻种植面积超过400万公顷，经济作物种植面积为330多万公顷，水产养殖用地近74万公顷。此外，越南还有长达3,260公里的海岸线和辽阔的专属经济海域。

越南的粮食作物主要包括稻米、玉米、番薯等，经济作物主要有咖啡、腰果、胡椒、橡胶、茶叶等，热带水果主要有香蕉、甘蔗、山竹、芒果、火龙果等。越南盛产多种热带、亚热带贵重木材，如红木、铁木、柚木、乌柿木、龙脑香木等。水产品有鱼类约2,000种，虾、蟹、贝类近700种，经济价值较高的鱼、虾、蟹、贝类100余种。

2010年，越南农业增加值同比增长2.78%，农业产值达407.65万亿盾，折合近210亿美元（其中，传统农业产值约占78.3%，水产业产值约占18.2%，林业产值仅占3.5%）。粮食总产量3,980万吨，创历史最高水平，比2009年增长近100万吨；水产品产量516万吨，同比增长6.4%，其中捕捞产量245万吨，养殖产量270万吨；肉类总产量3,800万吨。

农产品出口对越南农业发展的拉动作用日益加大。多年来，越南大米、咖啡出口量连续位居世界前列，水产品在国际市场上占有的份额近年来也不断提高。据统计，2010年越南大米出口达680多万吨，创汇32亿多美元，同比增长约21%；水产品出口创汇49.4亿美元，同比增长16.3%；橡胶出口约78万吨，创汇近24亿美元，同比增长89%；咖啡出口117万吨，创汇18.5亿美元；腰果出口约19.4万吨，创汇11亿多美元，同比增长近35%；茶叶出口13.5万吨，创汇约2亿美元。

经过20多年的革新与发展，越南的经济结构发生了巨大的变化，农业产值在GDP中占有的比重从1986年的38.1%（1988年甚至高达46.3%）下降至2000年的24.6%和2010年的20.6%。农业的商品化程度和农村工业的比重也有明显改善。越南正在逐渐甩去"落后的农业国"或"传统的农业国"的帽子。

二、工业

越南通常也称工业为"工业—建筑业"，即第二产业。

越南矿产资源丰富，种类多样，主要包括能源资源、金属矿藏资源和非金属矿藏资源三大类别。

能源资源主要为石油、天然气和煤炭。越南的石油、天然气主要分布在东南沿海、北部湾、红河与湄公河三角洲洼地，石油储量超过10亿吨，天然气储量约3,000亿立方米。煤炭储量65亿吨，主要分布在北方的广宁、太原、谅山等省份。广宁省的鸿基煤矿是东南亚最大的煤矿，以出产高质量的无烟煤而驰名于世。

金属矿藏资源包括铁矿、铬矿、钛矿、铝土矿等。其中，铁矿储量约13亿吨，主要分布在太原、高平、河江诸省和中部北区；铬矿主要分布在清化省，储量约2,000万吨，占世界总储量的15%，居世界第二位。钛矿分钛原矿和钛砂矿两类，钛原矿储量为400多万吨，主要分布在太原省和宣光省；钛砂矿总储量预计达1,500万吨，主要分布在沿海地带。铝土矿储量约120亿吨，主要分布在西原地区。此外，还有铜、锡、锌、锰、金、铀以及稀土等矿藏，储量相对较少。

非金属矿藏资源则以磷灰石、硫矿和高岭土矿等为主。磷灰石储量约为20亿吨，主要分布在北部的老街省；硫矿已探明储量为860万吨，预计储量为5.6亿吨，主要分布在原河西省（今属河内市）；高岭土矿已探明储量为2,000万吨，预计储量为10亿吨，主要分布在林同省。

工业是越南革新开放以来发展最快的产业，也是对越南经济增长贡献最大的产业。在1991—2010年的绝大多数年份里，均以2位数的速度增长，2003、2005、2007年达到甚至超过年增长16%。工业产值在GDP中占有的比重从1990年的22.7%上升为1995年的28.8%、2000年的36.7%、2005年的41%和2010年的约41.1%。2010年，越南工业产值约814.065万亿盾，折合410多亿美元，工业增加值同比增长7.7%。

以上工业产值，有42%是由外资企业完成的，非国有企业完成的工业产值占35.9%，国有企业完成的工业产值仅占22.1%。就产业结构角度看，加工业几乎占了半壁江山，2010

年，加工业产值完成389.81万亿盾（约合200亿美元），约占整个工业产值的48%；开采业产值为215.09万亿盾（折合近110亿美元），约占26.4%；建筑业产值完成139.16万亿盾（折合71亿多美元），约占近17%；水电工业产值70万亿盾（约合36亿美元），约占8.7%。从以下主要工业品的2010年产量，可以大致看出越南工业的产能情况。

表2-1 2010年越南主要工业的年产量

原油	1,496.7万吨	天然气	92.83亿立方米
液化气	59.6万吨	煤炭	4,401万吨
发电量	916亿度	圆钢	469万吨
水泥	5,670万吨	化肥	257.4万吨
纸张	184.9万吨	摩托车	350.9万辆
电视机	245.6万台	电冰箱	152万台

三、服务业

越南服务业的构成主要包括商业，宾馆、饭店，运输、邮电通讯和旅游业，金融与保险业，科学技术，房地产业，国家管理，教育培训，医疗卫生，文化和体育等十几个二级行业。

服务业在国家革新开放进程中一直稳步发展，其产值占GDP的比重1990年为38.6%，2000年为38.7%，2010年约38.3%。2010年服务业完成产值759.2万亿盾（折合388亿多美元），同比增长7.5%。社会商品零售和服务总额实现1,561.6亿盾（约合800亿美元），扣除物价因素，同比增长14%。

（一）商业

在服务业的十几个二级行业中，商业占有的比重最大，运输、邮政和旅游业次之，宾馆、饭店位居第三。2010年，商业毛收入达1,229.3万亿盾（折合近630亿美元），同比增长25%；宾馆营业毛收入实现172.4万亿盾（约合88亿美元），同比增长21.8%。消费对经济增长的拉动作用日趋明显。

（二）交通运输

越南铁路总长3,200多公里，公路总长约21万公里，水路总长7,000公里。除了20多个较大的内河装卸码头外，全国有广宁、海防、归仁、芽庄、岘港、西贡、头顿等大港口；航空运输网由约90个大小机场组成，其中，河内内排机场、岘港机场和胡志明市新山一机场并称三大国际机场，共开辟国内航线19条、国际航线26条。

尽管越南的交通运输业还存在设备陈旧、技术落后等制约因素，但经过近20年来的不断投入，对基础设施加以改造、扩建、升级，对相关企业进行挖潜、重组，越南的交通运输业业已取得较大发展。2010年旅客运输达24.6亿人次，同比增长13.5%。其中，陆路客运约22.6亿人次，同比增长14.2%；水陆客运1.7亿人次，同比增长4.1%；铁路客运1,160万人次，同比增长4.4%；航空客运1,410万人次，同比增长31.5%。货物运输完成7.15亿吨，同比增长12.4%。其中，国内货运约为6.67亿吨，同比增长12.5%；国际货运为4,750万吨，同比增长11.1%。陆路运输约5.336亿吨，同比增长13.9%；水路运输1.188亿吨，同比增长4.8%；海路运输5,420万吨，同比增长16%；铁路运输800万吨，同比下降3.2%。

（三）邮电通信

越南邮电通信业在过去十多年发展迅速，增长速度多年列居世界前列。电话普及率和互联网使用率逐年提高。2010年，邮电通信业营业总收入约138.8万亿盾（约合71亿美元），同比增长26.5%。截至2010年底，越南全国固定电话拥有量1,640万台，移动电话新增4,370部。互联网用户377万，同比增长27.4%，使用互联网人数约2,740万人次，同比增长20.2%。

（四）旅游业

越南有着丰富的旅游资源，首都河内、胡志明市、故都顺化、广宁省的下龙湾、广南省的会安、西原的大叻市、海滨城市芽庄等等，是越南最为著名的旅游胜地。

近年来，越南旅游业的主要客源国和地区主要有中国、美国、日本、韩国、中国台湾、澳大利亚、法国和新加坡等。2010年，越南接待国外游客达500万人次，同比增长34.8%。其中，中国游客90.5万多人次，同比增长74.5%；韩国游客近49.6万人次，同比增长37.7%；日本游客约44.2万人次，同比增长24%；美国游客43.1万人次，同比增长6.9%；中国台湾游客33.4万人次，同比增长23.7%；澳大利亚游客约27.8万人次，同比增长28.1%。旅游业收入15.3万亿盾（约合7.8亿美元），同比增长28.5%。

第三节　对外经济

革新与开放犹如一枚铜币的两面。越南的对外开放进程是与革新时期越南外交政策的调整以及对外关系的突破密切相连的，对外关系的不断发展不仅为越南经济社会建设营造了有利的国际环境，同时也为越南对外经济的快速发展直接提供了强有力的支撑。

革新开放拉开序幕后不久，越南就着手调整其对外政策，先后与中国实现了关系正常化（1991年11月），正式加入东盟

（1995年7月），成为该组织的第7个成员国，和美国正式建立外交关系（1995年7月），加入APEC组织（1998年11月），与美国签署双边贸易协定（2000年7月），并于2006年11月加入世界贸易组织，越南和周边国家、地区以及与世界大国、区域及国际组织的关系在革新中逐步拓展，不断深化。与外交上一系列的进展相同步，越南在对外经济方面也接连取得许多重大收获，对外贸易和吸引外资的成效最为引人注目。

一、对外贸易

对外贸易是越南经济革新的重大突破口之一。越共"六大"（1986年12月）制定的重点发展"粮食—食品、消费品和出口商品"的三大计划，同时指向摆脱困境，改善民生，扩大出口，在实施中收到了明显的成效。在革新以来的20多年里，越南进出口的年均增长速度远高于GDP的增长速度，而且，出口在绝大多数年份都以两位数增长，1994、1995、2004等年份出口增速接近甚至超过了30%。

自2007年成为世贸组织成员国以来，尽管遭遇国际金融危机的严重冲击，对外出口市场呈现紧缩态势，对外经济贸易形势面临严峻考验，但越南政府采取多种措施，在危机中力求逆市而上，在一定程度上舒缓了困难局势。以下统计可以看出近年来越南进出口绝对额的快速增长情况。

表2-2　越南进出口贸易额（2007—2010年）

年份	出口额（亿美元）	进口额（亿美元）	贸易逆差（亿美元）
2007	484	608	124
2008	629	804	175
2009	566	688	122
2010	716	840	124

截至2010年，美国、欧盟、东盟、日本、中国是越南商品的5大出口国（地区）。2010年，越南对美出口约128亿美元，占其出口创汇总量的17.9%；对欧盟出口约100亿美元，占13.9%；对东盟出口93亿美元，占13%；对日出口69亿美元，占9.6%；对华出口63亿美元，占8.8%。对5大出口国的出口量约占越南外贸出口总量的63%。与此同时，中国、东盟、韩国、日本和欧盟是越南外贸进口的5大来源国（地区）。2010年头11个月，越南从中国进口179亿美元，占其进口总量的24.9%；从东盟进口145亿美元，占20.3%；从韩国进口87亿美元，占12.2%；从日本进口81亿美元，占11.3%；从欧盟进口55亿美元，占7.7%。从5大进口国（地区）进口的总量已占越南进口商品总量的76%。

越南的出口商品以矿产资源类、农产品和水产品类、工业品（加工）类为主，而进口商品主要是机械设备、零配件和原材料、辅料等，生产资料性商品占进口总量的90%左右。以2010年为例，越南全年出口创汇约716亿美元，同比增长25.5%；进口840亿美元，同比增长20.1%。2010年出口的大宗商品主要如下：

表2-3 2010年越南大宗出口商品

商品种类	出口额（亿美元）	商品种类	出口额（亿美元）
纺织品	112.1	鞋类	51.2
原油	49.6	水产品	49.4
电脑及零配件	49.6	木材及木制品	34.4
大米	32.5	橡胶	23.9
咖啡	18.5	煤炭	16.1

进口商品中，机械设备及零配件136.9亿美元，钢材、钢坯及铜等金属类商品合计近128亿美元，汽油等燃油品约107亿美元，化工、塑料及化工与塑料制品合计约93.8亿美元，纺织与鞋类的原材料、辅料合计约91亿美元，电脑及零配件约52亿美元。

除了出口结构有待调整、优化外，出口商品的技术含量和附加值较低、出口对进口的依赖以及外贸逆差过大，是制约越南对外贸易进一步发展的主要问题。

二、吸引外资

1988年1月9日《外国在越南投资法》正式颁布。1988年外资开始流入越南，迄今20多年来，越南吸引外商投资的数额不断扩大，外资经济对越南经济发展的贡献日益提高，外资经济业已成为越南经济一道亮丽的风景线。

外资对越南经济的贡献主要表现为以下几大方面：

一是外资的持续进入在很大程度上缓解了越南资金短缺、发展投入不足的难题。在外资流入的高峰期，如1996—1998年间，其投入的资金额约占越南社会总投资的1/3。在工业领域，最高年份外资占该产业投资的50%左右。2008年，外商投资在越南社会总投资中占29.8%，2010年的比重为25.8%。

二是外资企业出口占越南外贸出口总额的比重逐年上升。1990年代中期，外资企业出口占出口总额的比重约在25%至30%之间；2007年外资企业出口占出口总额的比重高达58%；2010年这一比重已高达54%。

三是外资经济对越南工业产值乃至整个GDP的贡献率不断提高。以下是2006—2010年越南工业产值增长率的比对表。

表2-4 2006—2010年越南工业产值增长率

年份	国有经济增长率	非国有经济增长率	外资经济增长率
2006	9.1%	23.9%	18.8%
2007	10.4%	20.9%	18.2%
2008	4%	18.8%	18.6%
2009	3.7%	9.9%	8.1%
2010	7.4%	14.7%	17.2%

此外，与之相应的是，外资经济在越南财政收入和社会就业等方面也在发挥着不可低估的作用。

2010年，越南共吸引外资项目969个，新签合同金额和在建项目追加投资合计总额接近186亿美元。年内对越投资最多的国家和地区依次为：新加坡（44.3亿）、韩国（23.6亿）、荷兰（23.7亿）、日本（22.1亿）、美国（19.7亿）、中国台湾（12.8亿）。

截至2010年12月21日，90多个国家和地区的外商在越投资项目共计12,213个，合同金额达1,929.2亿美元。其中，100%外资项目9,599个，合同金额1,192.52亿美元；加工制造业项目7,305个，合同金额939.76亿美元；房地产项目348个，合同金额479.95亿美元；建筑业项目674个，合同金额115.09亿美元；宾馆餐饮业项目295个，合同金额113.83亿美元。

以下是截至2010年12月21日，在越投资最多的10个国家和地区以及越南国内吸引外资最多的10个省市一览表：

表2-5 2010年在越南投资排名前十的国家（地区）

排序	国家（地区）	项目（个）	金额（亿美元）
1	中国台湾	2,146	228.14

续表

排序	国家（地区）	项目（个）	金额（亿美元）
2	韩国	2,650	221.33
3	新加坡	873	217.23
4	日本	1,397	208.36
5	马来西亚	364	183.45
6	英属维尔京群岛	481	144.50
7	美国	556	130.76
8	中国香港	606	77.92
9	英属开曼群岛	52	74.32
10	泰国	238	58.11

表2-6　越南吸引外交最多的10个省市

排序	省市	项目（个）	金额（亿美元）
1	胡志明市	3,533	299
2	巴地—头顿	255	262.89
3	河内市	1,926	202.46
4	同奈	1,055	167.11
5	平阳	2,145	138.65
6	宁顺	26	101.39
7	河静	24	83.43
8	富安	48	81.31
9	清化	39	70.56
10	海防市	307	51.11

第四节 问题与前景

对越南下一阶段的发展前景，2011年1月12日至19日在河内召开的越共"十一大"继承了"八大"以来一直坚持的国家发展战略目标，即至2020年基本实现现代化。大会通过了越共中央制定的《2011—2020年经济社会发展战略》，核心指标是，今后10年，GDP年均增长7%~8%，2020年GDP按可比价格计算比2010年增长1.2倍；人均GDP达3,000美元。与此同时，"十一大"还制定了2011—2015年的5年发展规划，其内容要点包括，今后5年，GDP年均增长7%~7.5%，农业增加值年均增长2.6%~3%，农业产值占GDP的比重为17%~18%；工业增加值年均增长7.8%~8%，工业产值占GDP的比重为41%~42%；服务业产值占GDP的比重为41%~42%；出口年均增长12%，控制外贸逆差，争取到2020年实现对外贸易平衡；至2015年，将财政赤字减少到占GDP的4.5%以下；社会总投资占GDP的40%；2015年人均GDP约达2,000美元。

国际社会对越南经济前景的预判见仁见智，既有审慎的观点，也有乐观的前瞻。其中，有一种较为乐观的预测称，2010—2050年越南经济的年均增长速度可能超过8%，至2050年，按平价购买力（PPP）计算，越南的经济总量将在世界上排名第14位。

当前，越南经济运行中面对的主要是通货膨胀、贸易逆差和汇率波动等问题。尽管越南经济的增速在地区和世界上都位居前列，但不少年份、尤其是近几年，通货膨胀指数高于GDP增长速度，如2007年，GDP增长8.44%，通胀指数为12.63%；2008年GDP增长只有6.23%，通胀指数却高达19.89%；2009年

GDP增长5.32%，通胀指数为6.52%；2010年GDP增长6.78%，通胀指数为11.75%。通货膨胀对越南经济运行的压力正在不断加大。贸易逆差情况从前面的表格中不难看出，汇率波动情况近几年较为突出，越盾与美元汇率连年大幅贬值，据越南官方公布的数据，2008年越盾贬值6.31%，2009年贬值10.7%，2010年贬值9.68%，2011年春节后，越南政府突然宣布越盾贬值9.3%。本币贬值与高通胀、大逆差共同构成了越南经济的可持续发展的严重制约因素。

尽管越南经济运行中还存在诸多不利因素，然而，越南既有革新开放前经济社会危机肆虐时应对类似情况的经验，也有应对1997年东亚金融危机的经验，尤其是经过20多年的革新开放，越南的经济实力和综合国力已有显著提高，政府对经济的驾驭能力也在逐步增强，只要世界经济不出现重大动荡或严重下滑，越南经济保持基本平稳运行，实现越共"十一大"制定的下一个"五年计划"和《2011—2020年经济社会发展战略》的前景是完全可以期待的。

第三章
社会文化

本章导读

☆自北向南延伸的S型狭长国土，成就了越南民俗风情的
丰富性和多样性，型塑了颇具特色的越南民俗文化。越
南民族的繁衍史，正是各民族文化大融合的历史。而京
族作为越南的主体民族，其家庭社会结构、民俗风情及
文化特色，均具有较为鲜明的代表性。与此同时，越南
深受中华文化的影响，语言文字、节日庙会、宗教信仰
及风俗习惯等都与中国有着诸多相似之处，其社会文化
的各个层面无不折射出中越两个友好邻邦之间千丝万缕
的联系。

第一节　语言、文字和教育

语言既是民族文化的载体，也是民族特征的构成要素。语言最能体现一个民族的文化特色，越语也不例外。

越南有54个民族，不同的文化背景造就了各自不同的语言，有的民族甚至拥有自己的文字。建国以来，为了方便各民族之间的交流，越南政府将占人口比例约90%的京族（越族）语言定为官方通用语，逐步推广。这在一定程度上消除了各民族之间的交流障碍，也为普及教育、扫除文盲提供了重要的基础。

一、越南语

越南语属于南亚语系中的越—芒语族，从语言形态的变化规则角度看，越南语属于孤立语，没有严格意义上的词的形态屈折变化，以语序和虚词作为语法的重要表现手段；从语序类型角度看，越南语属于SVO型语言，其句子成分一般按主语—谓语—宾语（现代越语称为"对象补语"）的顺序排列。

在句法方面，越语和汉语最主要的区别是，汉语中的定语放在中心词之前，而越语的定语位于中心词之后。如"越南人民在革新开放事业中取得了非常显著的成就"这个句子在越语中应表达为"在事业—革新开放中，人民—越南取得了成就—非常显著"。

二、越南文字

从古至今，越南先后使用过3种文字：汉字、喃字和国语字。

汉字，在越南又称"儒字"。汉字是秦汉时期越南被纳入中国版图，成为中国封建王朝治理下的郡县时开始传入越南的。从越南独立建国之时起，直至1917年汉字被废除之日止，汉字一直被借用为越南的国家正统文字。作为越南历史上最主要的文字，汉字对促进越南文化的发展以及中越两国之间的文化交流，发挥了积极的作用。

然而，汉字对于越南人来说，毕竟不是用来记录母语的民族文字，汉字标记的词语的发音与越南语中的许多词语有较大差别，而且，对普通民众来说，学习汉字的难度也很大，这就在一定程度上制约了汉字在越南民间的广泛传播。由此，喃字应运而生。

喃字，也称"字喃"。大约在公元8世纪时，通晓汉字的越南儒士，为了解决汉字无法标记地道的越语词汇等问题，根据越南语词汇的实际发音，仿照中国"六书"中的假借、会意、形声等方法，利用汉字或汉字的偏旁创制出了一种新的方块文字，这种文字就是喃字。最常见的喃字，一是借取某一汉字来表示越语中与之读音相同或相近的某个词的语义，如以"空"字来表示越语中的"不"，以"英"字来表示越语中的"兄"；二是用两个汉字或汉字部首加以组成，一个用来表音，一个用来表意。如越语中的"吃"，读音为"an"，便取汉字的"口"加"安"相组合，"安"表音，"口"表意；越语中的"五"，读音为"nan"，便取汉字的"五"加"南"相组合，"南"表音，"五"表意。

喃字从13世纪开始被越南文人用于文学创作，在18世纪的西山王朝时期一度达到繁荣的顶峰。但由于这种文字不易记忆，学习者通常必须具备良好的汉字功底，更重要的是，它始终没有实现任何文字都必须实现的"书同文"，因而一直没能取代汉字，成为古代越南的主体文字。20世纪初国语字得以普及后，"喃字"悄然退出历史舞台。

国语字是西方传教士进入越南传教，在向当地人学习越语的过程中，逐步创制出的表音文字。法国传教士亚历山大·罗德1651年在罗马出版的《越葡拉丁词典》和用越语拼音文字编写的《教义纲要》，是越语国语字正式问世的标志。越南沦为法殖民地之前的200多年间，国语字主要限于教会内部流行和使用。法国侵占越南之后，开始创办学校，出版刊物，教授和推广越语国语字，国语字在越南南部、中部和北部依次得到推广。从20世纪初开始，国语字已在越南全国范围内普遍应用。

作为一种拉丁化拼音文字，国语字以拉丁字母为主，辅之以必要的调号，由22个辅音、11个单元音、3个双元音、2个半元音和6个声调组成，具有"音、字、义三位一体"的特点，能够较为精确地记录越南语的发音，容易书写和记忆，方便学习与应用。

1945年越南民主共和国成立后，胡志明主席宣布在全国推广国语字，并开展扫除文盲运动。国语字正式成为越南官方的统一文字，日益发挥其国家文字的各种功能。随着越南综合国力和国际地位的不断提高，越南语已被世界上不少国家列为"外语"来学习，国语字因此也为越来越多的外国人所熟悉、掌握和使用。

三、越南教育

长期以来，越南社会深受中国儒家文化的影响，重视读书识字，提倡尊师重道、考取功名、为民谋福。封建社会时期，受经济社会条件等各方面的制约，普通民众走入学堂、读书识字的机会不多。但各个村社一般都设有私塾，由通晓儒学的"儒士"充当教书先生，为村里的适龄儿童进行必要的启蒙教育。但总体来说，教育普及率极低。法国入侵并占领越南以后，逐步以拉丁文字取代此前长期使用的汉字，并在越南南方大力推广法式教育，妄图从思想意识形态上彻底控制和奴役越南人民，从而使越南教育情况发生根本性转变。

1945年，国语字在越南被大力推广，汉字逐步退出了越南历史舞台。这就为越南教育事业的发展进步创造了必要的前提条件。1975年，越南南北方结束战争对抗状态，实现统一。越共党中央首次提出要建设一支强有力的知识分子队伍，为国家社会主义建设事业提供有力的保障。在此基础上，新政府大力提倡新式教育，在全国范围内开展扫除文盲、普及教育的运动，至此，越南教育事业翻开了崭新的篇章。

越南教育分为基础教育和高等教育两个阶段。基础教育阶段通常为12年，包括小学5年、初中4年及高中3年。高等教育主要包括高等专科学校（学制3年）、本科院校（学制4年）及一系列职业技术教育培训学校等。学龄儿童一般6岁入学，22岁大学毕业后，可继续进行硕士和博士研究生阶段的学习，学制分别为3年和5年。

在基础教育阶段，学生主要学习综合性基础课程，如语文（国文）、数学、外语（主要为英语和法语）、物理、化学、历史、政治、地理及生物等，同时兼修体育、音乐、美术、计算机等辅助性课程。结束基础阶段的学习以后，学生通过参加高考，进入大学继续学习。

经过30多年的发展，越南教育已迎来蓬勃发展的可喜局面。扫除文盲运动已基本结束，35岁以下的文盲数量较1975年以前减少了9成以上。基础教育阶段入学率呈稳步上升的态势，全国城乡基本实现基础教育的普及，尤其是在河内、海防、胡志明市等各大城市，学龄儿童入学率已超过95%。高等教育发展形势喜人，政府加大力度整合调配高校资源，通过合并兼容、联合办学等模式，在较短时间内实现了高等院校规模的大幅度扩张，为扩大招生规模、合理配置教学科研资源、提高高等院校的教学科研能力创造了有利条件。如今，越南已经涌现出河内国家大学、胡志明市国家大学、百科大学、河内外语大学等一大批在国际国内都具有一定知名度和影响力的著名大学。在此基础上，越南教育界为经济社会建设各方面源源不断地输送了大批人才，保障了社会主义建设事业的顺利进行。

越南社会历来重视发展教育，在政府大力倡导和推动下，越南教育事业正进入一个蓬勃发展的全新时期。

第二节　宗教

越南是一个多民族多宗教国家，佛教、天主教、高台教、和好教等众多宗教构成了越南宗教界和谐并存、百花齐放的局面。越南宪法规定，公民享有宗教信仰自由，国家保护公民信仰宗教的基本权利。但作为一个信仰马列主义的社会主义国家，越南一贯坚持政教分开的政策，因此，宗教在越南的影响仅限于民间信仰范畴。

一、佛教

佛教是越南第一大宗教，拥有逾千万教众，在民间影响最为广泛。目前越南境内的佛教主要分为两派，即大乘佛教与小乘佛教。据传，大乘佛教源自中国，于中国汉朝时期经由越南北部的红河流域传入，并成为越南影响最为深远的宗教。小乘佛教则从印度经由湄公河流域传入越南，影响范围主要集中在南部地区。

越南独立建国后，李朝与陈朝王室均推崇佛教，并在全国范围内大肆兴办寺庙，宣扬佛法，佛教逐渐进入鼎盛时期。19世纪中叶，随着越南逐渐沦为法国殖民地，佛教的地位逐渐受到了天主教的冲击，但其在民间仍具有广泛而深远的影响。

如今，越南境内众多古老的佛教寺庙保存完好，香火鼎盛。每逢传统节日、庙会，善男信女们结伴而来，在寺庙中烧香拜佛，祈求风调雨顺、平安幸福。佛教在越南民间的备受推崇，更体现在僧侣们的社会地位之高。越南僧侣和尼姑，无论年纪长幼、辈分高低，一律被尊称为"THAY"和"CO"，意为"老师"，可见民众对佛教的尊崇。

二、天主教

早在16世纪初，西方传教士就来到越南南方进行传教活动。但天主教真正开始在越南产生重要影响，则始于19世纪中期以后法国的入侵和统治。法国殖民者不但在政治上加大对越南殖民统治的力度，更强制性推广天主教，妄图从思想意识上彻底控制越南人民。他们在南方大肆修建教堂，按照法国模式建造城市、房屋，迫使人民信仰天主教，从而巩固自己的殖民统治。时至今日，天主教在越南南方仍拥有为数甚多的信徒。人们按照天主教教义受洗、行事、成婚、丧葬，这一来自西方的宗教仍在一定程度上影响着越南这个东方古国。

三、高台教

高台教是越南本土宗教，由吴文昭、黎文忠等人于1926年正式创立。高台教供奉的是高台神、佛祖释迦牟尼、耶稣和孔子等，其教义综合了道教、天主教、佛教及儒教等各大教派的精髓，崇尚真善美、乐善好施、和谐共处，希望人们通过共有的信仰，达到共同的幸福境界。目前，高台教拥有约250万教众，影响范围主要集中在越南南方。此外，生活在美国、澳大利亚、欧洲等地的越侨中，约有300万人信仰高台教。崇尚真善美、追求幸福和谐生活的教义精髓为高台教凝聚了较高的人气，使其成为越南第一大本土宗教。

四、和好教

和好教，亦称"和好佛教"，由黄富楚于1939年创立。这一教派为佛教传入越南之后的变体，与传统佛教有着千丝万缕的关系。但与传统佛教不同的是，和好教主张"佛在心中"，提倡简约朴素的祭祀仪式，以鲜花和清水供奉神明，还原宗教信仰的原始本真。因此，和好教没有大肆兴建寺庙，甚少举行规模盛大、程序繁复的庙会祭祀活动，而只是在教派内部举行一些简单的仪式。目前，和好教的影响范围主要集中于越南西南部，教众约130万。

越南宗教繁多，但作为一个政教分开的国家，宗教的影响往往只限于思想意识范畴。尽管如此，宗教对越南社会生活的各个层面都有着广泛而深远的影响。

第三节　社会与家庭

一、村社文化

尽管现代化建设进程正在重塑着越南曾经的农业国形象，

传统文化依然植根于人们的心中，世世代代的农耕生活造就了越南特有的村社文化。人们的生活与乡村、田野、耕地息息相关。在传统的越南社会中，村社是一种特殊的社会性组织，它大于家族，而又小于封建集权下的各个行政级别。每个村社都有管理内部事务的一整套规章制度，对村民产生广泛的影响力和约束力。在此基础上，村民们从事同一个行业的经营，祭祀同一座城隍庙，从而形成了自己独特的习俗、信仰和风土人情，甚至出现"十里不同风、百里不同俗"的奇妙现象。

千百年来，榕树、水井、祠堂、渡口……已成为越南村社文化的典型象征。人们在村口水井旁种植大榕树，修建祠堂，日出而作，日落而息。一个村社往往从事同一个行业的经营，如耕作、纺织、制陶、缫丝、酿酒等。在封建王朝时期，中央集权下的各种法令往往难以影响到小村落，因而每个村社大多形成了管理内部事务的一整套规章制度，称为"乡约"。乡约不但约束和限制村民们的言行，更在很大程度上保护着村社内部的财产权、经营权、受教育权等集体权益和个人权益。

许多村社明文规定，学龄儿童必须入学堂读书识字，如有人考中秀才或高中举人，全村会在祠堂举行隆重的庆祝仪式，高中者从此拥有了参与决定村社事务的权利。此外，村社乡约中还提倡尊师重道、长幼有序，这些充满人文气息的条令直到今天还深深影响着越南社会，敬老爱幼、尊重师长的美德得到了良好的传承。

在村社文化中，祠堂扮演着极其重要的角色。人们在祠堂中供奉祖先、祭祀、嫁娶、丧葬、议定村社中的大小事务。可以说，祠堂见证了越南村社文化几千年的形成、发展和繁荣。今天，越南许多农村仍保留着古老的祠堂，虽然它的功能不复从前，但在越南人民的心里，枝繁叶茂的大榕树掩映着的古老祠堂是越南民间祖祖辈辈重情重义、敬贤爱才、饮水思源等美德的最佳见证者。从某种程度上说，遍布于越南村落的祠堂承载着人们对神灵的敬畏、对祖先的景仰、对民族的认同和对乡土的热爱。因而，越南人民至今仍对祠堂有着特殊的情感。

村社文化是越南几千年农耕文化的精髓所在，它集中体现了越南民族的凝聚力和向心力，是越南历史发展、社会进步的一个缩影。

二、家庭观念

受传统农耕文化及中国儒家思想的影响，越南民间普遍存在着多子多福的心理，子孙绕膝，成家而不分家，三代同堂、甚至四代同堂的大家庭模式，成为了越南几千年历史中最主要的家庭结构。

越南人的家族观念很重。同一家族的人通常聚居于一个村社中，供奉着同一个祖先。家族中最德高望重的男性长者为族长，在整个家族中拥有崇高的地位和权力，把持家族中的一切大小事务，如主持乔迁新居、婚娶、葬礼、祭祀等等。族长实行世袭制，传男而不传女，如遇族长没有直系男性后代，则由关系最近的旁系男性后代继承。

在一个庞大的家族中，男性往往扮演着决定性的角色，他们支配着家族中的一切事务，并操纵着女性家族成员的命运。男性是家庭的支柱和操控者，而女性只能作为男性的附属品和依赖者。这就在一定程度上导致了重男轻女现象的产生。生子是福气，生女则是负担。女儿成家后只能从夫姓，因而越南民间有"女儿外族（nữ nhi ngoại tộc）"的说法。

在封建思想严重的父权社会里，妇女身上往往背负着"三从四德"的沉重枷锁。所谓"三从"，即未嫁从父、既嫁从夫、夫死从子；"四德"则为妇德、妇言、妇容、妇功。妇女无权读书识字，而只能禁锢于家中，操持家务，终日辛劳。她们往往只能听命于家族中的男性，而无法决定自己的生活和命运。由此可见，在传统的越南社会中，妇女在家庭和社会中的地位较为低下，而正是这样的家庭社会体系的长期影响，造就了越南妇女隐忍、求全、吃苦耐劳的精神品质。

越南统一后，新政府出台了各项相关法律政策以保障妇女的权益，实现家庭和社会关系中的平等与和谐。与此同时，随着受教育程度的大幅度提高及政府强有力的宣传普及，人民群众的落后思想与观念逐步得到了改变。越南妇女的地位得到了大幅度提高，捍卫自身权益的意识逐渐觉醒，从而在家庭和社会中扮演着越来越重要的角色。

如今，越南社会已发生翻天覆地的变化，家庭观念也随之发生了深刻转变。在政府计划生育政策的引导及西方个人主义思潮的冲击下，年轻父母一般只生育一到两个孩子，家庭规模逐步缩小。重男轻女现象在很大程度上得到了改变。而传统越南家庭中所提倡的尊老爱幼观念，则得到了良好的传承。

三、社交礼仪

越南人热情好客，爱好交际，很容易敞开心扉，与人海阔天空地交流。与西方社交礼仪注重保护个人隐私不同，第一次见面时，越南人通常会问以下三个问题："你叫什么名字？""今年多大啦？""家乡在哪儿？"这跟越南语的称谓习惯及传统的群居文化、邻里意识强烈息息相关。人们渴望与人交流、熟识，彼此之间像兄弟姐妹一样毫无嫌隙地相处。

在越南语中，没有"你"这一固定称谓语。人们用与性别、辈分、身份乃至年龄相对应的名词来进行称呼，例如：年龄相仿的男性或女性，互称兄弟或姐妹；对与父母辈年纪相仿的男性或女性，则称其为伯伯、叔叔或姑姑、阿姨，自称侄子（女）；反之，对与子侄辈年纪相仿的男性或女性，则称其为侄子（女），自称伯伯、叔叔或姑姑、阿姨。因而越南人在交际中直接询问年龄，是为了确定适当的称谓方式。

在越南传统社交文化中，槟榔扮演着十分重要的角色。越南俗语有云："要谈事儿，先从嚼槟榔开始。"可见越南人民对槟榔的喜爱程度之深。在日常生活中，人们用槟榔招待客人，以示尊敬。这是乡舍邻里之间团结互助、相亲相爱的象征。在说媒、相亲、婚礼等喜庆场合，槟榔更是必不可少。人们把它作为传递喜气、交流感情的最佳纽带。

越南人食用槟榔的方法十分特别：用蒌叶包住一点石灰，与槟榔一起放入口中同嚼，三者产生化学反应后，产生红色汁液，口舌生津，唇齿留芳，味道先涩后甜，回味无穷，可刺激神经、提神醒脑。但久而久之，牙齿会变成黑色。古代越南人以牙齿乌黑发亮为美，正是基于对槟榔的热爱。

关于嚼槟榔的习俗，越南民间还流传着一个动人的故事。

传说很久很久以前，在一座美丽的小山村里，生活着两兄弟。他们从小父母双亡、相依为命。后来哥哥结婚了，一家三口感情融洽、生活幸福。有一次弟弟脚受伤了，嫂子帮他清洗包扎。不想被哥哥撞见，哥哥以为他们有瓜葛，于是对两人破口大骂。弟弟感觉很委屈，夺门而出，发誓永不再回来。弟弟走啊走啊，不知道走了多久，来到了一条大河边。他等不着过河的渡船，又不想再回到令他伤心欲绝的家中，就静静地伫立在河边，久而久之，变成了一块孤独的大石头。嫂子看到弟弟负气而去，埋怨丈夫多疑猜忌，冤枉了弟弟。哥哥气消后，也非常懊悔自己的行为，左等右等，不见弟弟回来，于是便亲自出去寻找弟弟。他来到大河边,发现了那块大石头,知道弟弟等待得太久,已变成了冰冷的石头。哥哥伤心欲绝,抱着石头放声痛哭。哭着哭着,哥哥变成了一颗槟榔树,陪伴在大石头的身边。嫂子在家中焦急地等待着两兄弟的归来,但等来等去,还是不见他们的踪影,便也出去寻找,来到河边,看到紧紧依偎的石头和槟榔树,猜到了事情的原委,伤心绝望地抱着槟榔树,哭了三天三夜,最后变成了一株蒌叶藤,紧紧缠绕在槟榔树上,一家三口就这样,再次紧紧依偎在一起。

为了纪念他们,人们就用蒌叶包一点石灰,放入嘴中与槟榔同嚼,产生的汁液鲜红欲滴,象征着血浓于水的兄弟之情。嚼槟榔的传统就这样流传下来,成为越南人民的独特风俗,也向人们传递着这样的信息:兄弟之情,血浓于水,亲情最值得珍惜。

今天,随着越南经济社会的发展和国际化步伐的加快,嚼槟榔作为一种古老习俗,已逐渐淡出了越南普通民众的日常生活。但槟榔所象征的相亲相爱、互帮互助的精神,仍根深蒂固地留存于越南人民的心里。

第四节　民俗文化

一、服饰

越南54个民族中,每个民族都有自己的传统民族服饰,其中尤以京族(越族)服饰最具代表性。头戴斗笠、身着长衣(áo dài)的京族女性形象,作为越南传统服饰文化的象征,早已深入人心。越南传统服饰通常非常注重色彩的搭配,大多以深色搭配对比鲜明的浅色，如褐配黄、黑配红、黑配蓝等，色彩明艳亮丽。质地则以棉麻为主，舒适凉快，适合越南炎热多雨的气候。

在京族传统服饰中，男性通常穿褐色上衣，着白色长裤，头戴深色圆形头巾，脚蹬木屐或拖鞋；女性服饰则较为讲究，上衣通常为三层，由里到外依次为红色或橙色肚兜、浅绿色和红褐色对襟衫，腰间三色带子系成一个结，下身为褐色宽摆裙子，头戴圆形宽边头巾或斗笠，脚穿木屐或拖鞋，行走起来摇曳生姿、婀娜动人。

如今，随着时代的变革，越南服饰也发生了深刻的变化。西服逐渐取代传统服饰，成为越南男性在日常和隆重场合中的必备装束。而女性传统服饰——长衣（类似中国旗袍），几经变迁改良，以越来越柔美的现代风格，成为越南女性出席重大场合的首选服饰。长衣面料轻柔，通常为丝绸或轻纱，上身为立领的贴身长裙，开叉达腰际；下身则为长及脚面的宽腿裤，宽松舒适，行走起来尽显女性苗条修长、婀娜动人的身姿。

不同年龄阶段的女性，对长衣颜色的选择也各有不同。姑娘们通常会选择纯白色或浅粉色，以体现少女的纯真无邪；年轻的已婚女性多选择色泽明艳的黄色、蓝色、绿色或亮紫色，以彰显少妇的迷人风韵；年长的女性则偏向于褐色、墨绿色、宝蓝色、深红色等深色系，充分体现年长女性的稳重内敛。尤其在婚礼上，越南新娘穿着大红色的长衣，配上同色系的圆形宽边头巾，更添喜庆与娇媚。

斗笠在越南服饰文化中，也具有极其重要的象征意义。斗笠通常为圆锥形，里外均用竹叶编织而成，有良好的遮阳防暑功效。据记载，早在2500多年以前，斗笠就已开始出现在越南人的日常生活中。在越南许多文学作品里，头戴斗笠的越南妇女形象已成为越南民族辛勤劳作、抗击外敌、保家卫国的缩影之一。

如今，斗笠仍是越南平民生活中不可或缺的必备装束。在农耕劳作之余，人们可以取下斗笠舀水喝，或用作扇风乘凉的扇子。在舞台上，身着长衣的窈窕少女，手拿斗笠翩翩起舞，正体现了越南妇女的温柔多情、美丽动人。经历了几千年的历史变迁，斗笠仍承载着越南民族勤劳刻苦的精神，成为越南传统文化的标志之一。

二、饮食

越南地处热带，气候炎热多雨，因此饮食多以清淡为主，口味偏酸甜，喜辣。越南的地理气候条件适合种植水稻，因而人们的主食多以米饭为主，米粉、米线、粉丝也很受欢迎。在菜肴方面，遍布越南全境的众多河流湖泊为人们提供了丰富的鱼、虾、蟹、贝等水产品，因此，肉质肥美鲜嫩的各种河鲜、海鲜经过清蒸、红烧、油炸……之后，成为越南人餐桌上最常见的美味佳肴。

越南饮食讲究清淡，因而肉类多以白灼为主。白切鸡、白切鸭、白灼猪肉、白灼虾等，均以清水煮熟，辅之以酱油、鱼露、柠檬盐、生辣椒为蘸料，既保持了肉质的原汁原味，又不会过于油腻，味道十分鲜美。

由于越南菜肴多以白灼为主，淡则无味，因此，蘸料在越南饮食文化中占据着重要地位。鱼露是一种常见的调味料，它以小鱼虾为原料，经腌渍、发酵、熬炼后成为一种味道极为鲜美的汁液，色泽呈琥珀色。鱼露既能带出食物的鲜美，又不影响其原汁原味，因而深受越南人民的喜爱。柠檬盐也是越南家庭饭桌上常见的蘸料之一，以食盐、花椒粉为原料，食用时将柠檬汁挤出，与食盐、花椒粉拌匀，味道酸鲜咸辣，颇为独特。从一定程度上说，越式菜肴的鲜美可口，正得益于各式各样风味独特的调味料。

提到越南美食，人们首先想到的便是春卷。越式春卷与中式春卷有所不同，外皮采用稻米磨浆制成的米皮，馅料以虾肉、猪肉、木耳、粉丝、胡萝卜为主，用米皮包裹成十公分左右的小长筒形状，然后放入油锅中，炸至金黄色。食用时，用生菜叶包裹着，蘸点鱼露等调料，味道很是香脆可口。

除了春卷之外，越式鸡肉粉、牛肉粉也因其鲜美独特的风味而声名远播。粉的汤底烹制十分讲究：先将牛骨和洋葱放入水中，文火慢炖数小时之久，然后放入薄荷、芫荽叶等新鲜香料，待汤底香气浓郁、味道醇厚时，放入肉类及米粉，稍候片刻再撒上香叶、芫荽、葱叶，食用时配以鲜柠檬汁、红椒佐味。这样的米粉，可谓汤水鲜美，粉条劲道，肉质鲜嫩，不失为一道美味佳肴。

越南人喜食蔬菜瓜果，宁可三日无肉，不可一日无果蔬。与此同时，受法国饮食文化的影响，越南人常将蔬菜瓜果做成沙拉，或直接食用。即使要进行烹调，也只是用白水焯过一遍，食用时搭配鱼露、酱油蘸水，力求保持食材的原汁原味和营养元素。

通心菜是最受越南民众喜爱的蔬菜品种。一碟白灼肉、一盘水煮通心菜、一碗米饭加上一小碟蘸料，便是越南普通家庭最司空见惯的家常菜。对于越南人来说，一碟水煮通心菜，寓意着平淡幸福的家庭生活。而对于长期旅居海外的越侨，通心菜承载着淡淡的乡愁，寄托着对故土无尽的思念。

近几年来，越南美食走出了国门，逐渐受到世界各国民众的认可与喜爱。因为口味清淡，与粤菜有共同之处，越南菜在广东也深受欢迎。仅就广州而言，位于北京路附近的"大头虾"、"越名苑"等越南饭店，每天门庭若市，宾客盈门。越南美食正以精致鲜美的独特风味，吸引着世界各地爱好美食的人们。

三、婚俗

结婚是人生的头等大事，对于深受农耕文化影响的越南人来说，更是如此。在古时候，越南民间有这样的说法：人生三大事，莫过于建房、娶妻、买牛。因此，婚礼在越南人的心目中占据着极其重要的位置。

越南传统婚礼通常要经过以下几个流程：说媒、相亲、定亲、成婚。经过媒人说亲、双方皆有意后，男方将聘礼送往女方家，双方家长议定举行婚礼的良辰吉日之后，双方便开始筹备盛大的婚礼。

在婚礼开始前的两三天，双方家庭要各自准备槟榔、美酒和宴席，进行正式的祭祖仪式，将子孙成亲的大喜事告知先祖。准新郎、新娘都要在各自的祖先灵前行三四个大礼，以告慰先祖，自己即将开始全新的生活。

在婚礼的前一天，男女双方家中则须各自举行仪式，答谢父母之恩。准新郎、新娘会准备槟榔和美酒，将自己的父母请到高椅上，向父母敬酒、磕头作揖，感谢父母多年的养育之恩。

到了成婚之日，在一切准备就绪之后，男方家庭将会敲锣打鼓，带着盛大的迎亲队伍，到女方家里去迎娶新娘。新娘在家里打扮停当，就会满怀着喜悦，跟着送亲队伍一起，等着新郎的到来。吉时一到，新郎和迎亲队伍准时到达，献上槟榔美酒，向女方家长申请迎接新娘。接到新娘后，迎亲队伍一路敲锣打鼓，喜气洋洋地回到男方家。在进门的那一刻，新娘要向男方家长辈献上槟榔美酒，行叩拜大礼，然后一一见过男方家人，正式成为丈夫家庭中的一员。仪式结束后，盛大的筵席开始。双方家庭大宴宾客，人们一起分享着新人的喜悦。婚礼后三日，新婚夫妇便要准备相应的礼物，到女方家中给家长行礼致谢，称为"回门礼"。至此，一场盛大的婚礼才正式告一段落。

如今，越南社会已发生了翻天复地的变化，婚俗也随着时代的变迁而产生了深刻变革。传统婚俗中的繁文缛节已逐渐淡出越南年轻人的婚礼。年轻人崇尚自由恋爱，不再愿意一味由父母安排自己的人生大事。情投意合的年轻人要结婚，只需到民政部门办理登记手续，然后根据经济条件在饭店或家中设筵席，款待亲朋好友。在西方文化的冲击和影响下，越来越多的新娘选择穿着白色婚纱出席婚礼，而传统的红色奥黛则逐渐退出了历史舞台。越南人的婚礼日益呈现出去繁从简，不求奢华，但求温馨的趋势。

四、丧葬习俗

越南民间认为，人死后一切将烟消云散、万事皆空，因而越南人非常重视葬礼。不管家境如何，遇到家中有丧事，必将倾尽全力大办，让先人体面地告别人世。越南传统葬礼主要有以下几个环节：为逝者净身、换上寿衣后，将一支筷子、一小口米饭和三个铜板放入逝者口中，然后以白布包裹遗体，抬入棺材。封棺后，便是正式的祭奠仪式。逝者的子孙披麻戴孝，在家中布设灵堂，门前贴上白色挽联，供亲朋好友凭吊先人。

家族中的族长与逝者家人商定发丧日期后，便开始准备正式的送葬仪式。送葬队伍中，逝者的子孙身着孝衣抬着棺材走在队伍的前列；亲属们紧随其后，一路抛洒白色或黄色的纸钱，伴随着哭声、哀乐声，将棺材抬到已选定的下葬之地。下葬以后，送葬仪式宣告结束。

与中国祭奠头七、七七等日子不同的是，越南丧葬风俗中，在下葬三天后，将为逝者举行隆重的祭奠仪式。此后每天都要到墓前，为逝者供奉米饭、酒菜、哭丧，直到七七四十九天后，才正式结束饭菜供奉仪式。而哭丧则要持续到第一百天。

越南人非常重视第一年的忌日。在这一天，子孙后代们将为逝者举行一周年忌日的隆重祭奠仪式。人们为先人供上酒菜、点香，寄托对先人的哀思。受中华文化的影响，越南也有为先人守孝三年的习俗。在三年内，逝者家人不能穿戴鲜艳的衣服，而必须以黑、白麻衣为主，以示对先人的缅怀和敬重。三年忌日一过，丧葬仪式才宣告结束。

如今的越南，政府为节省土地资源而提倡火葬。但几千年延续下来的风俗难改，在越南农村，多数人还是选择土葬。为先人选择一处风水宝地，让先人风光下葬，既可告慰先人，又可荫庇后人，因而，选择土葬、大办葬礼，仍是越南农村首选的丧葬方式。但在城市，随着城市化和国际化进程的加快，越来越多的人选择火葬、简化丧葬仪式。很多人选择在殡仪馆举行葬礼，简单的遗体告别仪式后，便进行火葬，领取骨灰。人们将对先人的哀思，更多地寄托在努力地工作和生活上。

第五节　节日与庙会

自古以来，越南深受中华文化的影响，社会生活的各个层面都带有明显的中国文化印记。中国传统节日在越南也具有相当的影响力。与中国一样，越南民间采用农历，春节、清明、端午、中秋等节日，至今仍是越南人民最看重的传统佳节。

一、春节

农历新年，即春节，是越南民间最重要的传统节日，越南语称为"元旦"或"农历节"，简称为"节"（Tet）。一年之计在于春，经历了严冬，春节一到，便意味着新的一年开始，万物又恢复了勃勃生机。因此，对于越南人民来说，春节象征着新的希望，寄托着人们对新的一年美好生活的向往。

越南人过春节的习俗与中国南方颇为类似。年二十三是灶王爷上天向玉皇大帝禀报人间大小事务的日子。人们会在这一天给灶王爷上香、献供品，以祈求灶王爷在玉帝面前多说好话，给人间降福。越南民间将这一习俗称之为"送灶君"。送走灶君之后，人们会在此后几天打扫屋子，置办年货，准备除夕夜的团圆饭。

除夕是越南人民最为重视的日子，人们将这一天当作全家团圆、承前启后、开启新希望的重大时刻。除夕之日，人们会贴春联、年画和福字，杀鸡宰鸭，准备红红火火的团圆饭。与中国广东、广西、福建等南方省份相似，在越南北方，除夕夜时，人们会在家里插上粉红色的桃花，寓意来年走桃花运，生活红红火火、事业兴旺发达。而在越南南方，人们会在家中插上南越特有的黄梅花，寓意人们如黄梅一样，坚韧不拔，祈盼来年生活幸福、如意吉祥。

越南人将过年称为"过节"（An Tet），而"An"的字面含义就是"吃"，足见美味佳肴在越南人民过春节时的重要性。越南传统年夜饭桌上通常有如下几种佳肴：鸡、鱼、猪肉、腌蒜头、蔬菜和五果盘。五果盘用于祭祀祖先，一般包含5种水果。因越南各地在春节期间的水果时令不同，所以五果盘的果类也各不相同。一般包括：香蕉、佛手果、柚子、西瓜、柑橘、苹果、椰子、人心果、火龙果、芒果、木瓜等。

此外，粽子也是不可或缺的食物。越南粽子一般为正方形，寓意天圆地方、如意吉祥。它是将白色的糯米、黄色的去皮绿豆和棕色的卤肥猪肉用大芭蕉叶或粽叶包裹住，放入锅中蒸煮几个小时而成。粽子中的糯米香甜、绿豆可口、肥肉嫩滑，风味独特，深受人们的喜爱。越南人民认为，粽子和鞭炮、春联、腌蒜头都是春节必不可少的东西。正如俗语所云：

肥肉，腌蒜，红对联；

幡杆，爆竹，糯米粽。

以上俗语中的"幡杆"指的是一种越南习俗，从阴历初一到初七，人们在家门口竖上一棵"幡杆"，用以驱除邪魔。

吃完年夜饭之后，在辞旧迎新之际，人们会举家而出，到公园等地方采摘一两株新鲜翠绿的树枝，拿回家中装饰门庭，寓意来年生活充满生机、希望、活力和幸福。除夕也是孩子们的大节日，因为除了穿新衣、吃大餐，大人们还会给孩子们糖果、礼物和利是（即红包）。每个人都放下一年的辛劳与不快，喜气洋洋地迎接新年。

越南春节还有一个特别有趣的习俗，那就是"冲年喜"。在新年第一天，越南家庭会请一位贵客到自己家中，贵客的身份越尊贵、品德越高尚，就越能给到访家庭带来更大的喜气和福气。因而，能成为冲喜的贵客，是一件十分荣幸的事情。虽然这一习俗在越南已经逐渐淡出历史的舞台，但它仍能体现出越南人民对才德兼备者的尊敬和推崇。

越南民间观念认为，除夕和年初一、初二是一年中最重要的三天，因而要吃足三日，玩足三日。在这三天里，人们放下一年的辛劳与不快，尽情享受团圆的喜悦。但越南春节的禁忌也颇多。在除夕到年初二这三天里，不能打扫房屋，更不能将垃圾扫到屋外。因为越南传统观念认为，这三天是一年中财气聚集家中的重要日子，扫除垃圾则意味着将财气和福气扫地出门，是不吉利的做法。

此外，这三天里，人们很忌讳将火种和水赠给别人。因为火是红色的，寓意红红火火，福气逼人。如果将火种赠与他人，则是将自己家中一年的福气送了出去。而水则寓意禄，象征着家人仕途通畅。如将家中的水给了别人，也就是将飞黄腾达的机会让给了别人。人们交谈时，应尽量说吉利话，而不能将死、倒霉等不吉利的词挂在嘴边。

直到今天，春节仍是越南人民最重视的节日。不管家境贫富、地位高低，人们都会喜气洋洋地迎接新年，祈盼来年生活幸福、吉祥如意。

二、清明节

清明是二十四节气中的第五个节气，也是在以中国为首的东亚文化圈中，人们祭奠先人的传统节日。越南与中国一样，每逢清明这一天，人们要举行扫墓仪式、祭奠祖先。他们带着供品、纸钱、鞭炮等，来到先人的墓前，将墓地打扫一番，拔掉杂草，摆上供品、香炉后，将纸钱烧给另一个世界的先人，让他们生活有所依靠同时也寄托了对先人的哀思。

与丧葬仪式不同的是，清明祭祖之时，人们不用表情肃穆、哭丧着脸。仪式中也没有那么多的讲究。因而，清明对于如今的越南民众来说，既是一年一度缅怀先人的时节，也是全家老少难得的一次合家团聚、野外踏青的机会。

三、端午节

在越南，端午节的重要性仅次于春节。与中国端午节吃粽子、赛龙舟、祭屈原这些习俗不同，越南端午节主要是为了驱除家里的蛇虫鼠蚁，是一个除四害的日子。

越南地处热带，气候炎热多雨，山中多瘴痒之气，蛇虫鼠蚁甚多。而端午时节正是暮春初夏，万物生长最为迅速之时。因而，越南民间就利用这一时机，用有效的方法驱除家中四害。在这一天早上，父母会让孩子们吃水果、鸡蛋、糯米酒，并将雄黄酒涂抹在孩子们的胸部、肚脐及头部；大人们也要喝酒，让蛇虫不能近身，达到驱虫的目的。驱虫完毕之后，孩子们要洗手洗脸，给手指和脚趾染上颜色。女孩们到了一定的年纪，也将选择这一天来打耳洞，佩戴耳环。

驱虫之后，便是祭祀祖先和采摘草药的仪式。这个仪式一定要选择在午时，因为越南民间认为，端午节的午时是一年之中阳气最盛之时，在这一时刻采摘的草药，最能吸收天地、太阳之气，从而达到最佳的治病效果。

四、中秋节

中秋节，即农历八月十五。在中华文化中，八月十五是一年之中月亮最圆最大之时，也是月圆人团圆、全家欢聚一堂的日子。人们会在这一天赏月、吃月饼，共享天伦之乐。

越南的中秋节与中国不尽相同。在这一天，越南人民虽然也会全家欢聚、吃月饼、赏圆月，但越南的中秋节更被赋予了一种全新的含义，那就是传统的儿童节。

每逢中秋节的夜晚，孩子们会换上崭新漂亮的衣服，提着形态各异的灯笼，在父母家人的带领下，到外面赏月游玩。父母会给孩子们发利是、送礼物、派糖果，满足孩子们的合理愿望。孩子们成群结队地一起唱歌、跳舞、做游戏，手里的灯笼与天上的月亮交相辉映，映照着孩子们天真无邪的笑脸。此外，大人们还会为孩子们组织一些赏月游园活动，如舞狮子、猜灯谜、做月饼比赛等。

因此，中秋节在越南不仅是团圆节，更是传统的儿童节，是孩子们最快乐的日子之一。

五、雄王庙会

传说在上古时期，越南曾建立过一个文郎国，历经十八代雄王的统治，强盛一时。因此，越南人自认是雄王的后代。直至今日，越南仍保存着多处雄王庙的遗迹，香火不绝。其中尤以富寿省雄王庙保存最为完好，香火最盛，影响也最为深远。

每年农历三月初十，在富寿省雄王庙景区都会举行盛大的祭雄王仪式，来自全国各地、乃至海外各国的越南同胞如潮水般云集于此，祭祀共同的伟大祖先——雄王，以铭记雄王的开国功勋和丰功伟绩。

祭祖仪式开始后，一群身着传统服装的人扮作雄王的随从，抬着雄王的龙辇由山脚一路上山，往雄王庙正殿走去，一路彩旗飘扬、敲锣打鼓、人声鼎沸，热闹非凡。到达正殿后，主祭司向雄王敬上高香，人们恭敬地向雄王像鞠躬叩拜，祈求祖先保佑越南风调雨顺、民富国强。祭祀仪式之后，便是盛大的庙会，有山歌对唱、摔跤、拔河、赛龙舟等，引人入胜、精彩纷呈。

对于越南人民来说，三月初十赶雄王庙会，是每年必不可少的习俗之一。越南各地庙会甚多，但唯有雄王庙会影响力最为深远。因为在越南人民的心里，雄王是共同的祖先，雄王庙所在地正是整个越南民族和国家的发祥地，具有特殊的意义。

六、香迹寺庙会

香迹寺，又称香寺，位于今河内市美德县香山村。每年农历二月十五，香迹寺便会举行盛大的庙会，吸引众多的善男信女和游客慕名来参加。与其他庙会不同的是，香迹寺庙会并不太注重祭祀活动，而主要是侧重于为游客们提供难得的机会，用心欣赏香山的美景。

人们来参加庙会，一方面可以绕着香迹寺所在的香山慢慢转山而行，边欣赏美丽的风景，边带着一颗虔诚的心朝着香迹寺进发，面见佛祖，以虔诚的心来礼佛；另一方面也可以直接向山顶进发，到寺里上香祈愿之后，再循着下山的路缓缓而行，以平和之心鉴赏香山秀美的风景。游客们可以充分领略到越南山水的秀美，也可以在礼佛后感受到一种心灵的宁静，可谓一举两得。

如今，香迹寺庙会正以其独特的魅力，吸引着来自越南国内乃至世界各地的游客。

第六节　民间曲艺

越南是一个古老的国家，经历了几千年的发展，形成了璀璨的民间文化艺术。在曲艺方面，越南拥有许多历史悠久、人民群众喜闻乐见的剧种和节目。

一、嘲剧

嘲剧是越南地方剧种之一，是源于越南北部平原的一种自发的民间文艺形式，产生于11世纪，在越南农村流传甚广。嘲剧采用的是说唱表演方式，十分注重台上演员和台下观众的互动，表演时气氛活跃，妙趣横生，因而深受越南民众的喜爱。

嘲剧一开始在民间演唱，主要是在庙会期间表演，七八名农民演员分别担任生、旦、净、末、丑各个不同角色，演员着民族服装，女角头上有头盖，手拿折扇，三五人伴奏，唱腔格律固定、生动活泼。18世纪末，嘲剧已经发展成为一种固定的文艺形式。其发展经历了文明嘲剧和改良嘲剧两个阶段。

由于嘲剧一开始就是由农民自编自演，内容又都取材于农村的现实生活和民间传说，所以嘲剧极具民族特色和生活情趣。许多传统剧目深受欢迎、家喻户晓，现代题材的一些节目也逐渐得到了观众的认可和喜爱。

二、呕剧

呕剧是越南传统古典剧种之一，其所用语言一般为结合了汉字与喃字的古典文章，因而较为晦涩难懂。呕剧与中国戏曲渊源颇深，它深受中国戏曲影响，却又有着自己的独到之处。它产生于13世纪，到十七八世纪时，达到了繁荣时期。

呕剧对表演者的要求较高，在唱腔、台步及说话方式等方面都有严格的规定和限制。演员脸谱化较重，生、旦、净、末、丑都有自己固定的脸谱——化妆方法。

虽然其民间影响力不如嘲剧，但作为传统舞台艺术的一朵奇葩，呕剧在越南曲艺宝库中始终占据着重要的一席之地。

三、改良剧

改良剧产生于20世纪初期，发源于越南中西部地区。起初，改良剧只盛行于南越，用南部音表演，听起来温柔缱绻，多情缠绵。后来，随着南北方交流的日益增多，改良戏也随之传遍了全国。改良剧的表演形式主要包括舞蹈、演唱和配乐。其中，吉他和月琴是最主要的两种伴奏乐器。

改良剧产生的时间较晚，但迅速以其独特的艺术表现形式和感染力风靡全国。至今，一些传统剧目仍常演不衰，如《陆云仙》《刘萍与杨礼》等。

如今，改良剧发展势头仍然迅猛，并因其较为现代的艺术表现形式，在一些地方的受欢迎程度甚至超过了嘲剧和呶剧，成为全国人民最喜闻乐见的剧种之一。

四、水上木偶戏

水上木偶戏是一种越南传统的文艺表演节目。据说水上木偶戏诞生于李朝时期，距今已有一千多年的历史，在18世纪达到了繁荣的顶峰。但随着法国在越南推行殖民统治，19世纪中叶以后，水上木偶一度衰落。越南民主共和国成立后，大力推动传统艺术文化的复兴，水上木偶戏才再度得到了推崇和发展。

水上木偶戏以其独特的表演方式，深受越南人民的喜爱。如今，越来越多的外国朋友也开始欣赏水上木偶戏，并为其精彩独到的表演方式拍案叫绝，叹为观止。

水上木偶戏的表演方式是在水池中搭起舞台，由隐藏在后台的演员用长线或竹竿操纵木偶，使之做出各式各样的动作、进行相应的表演。演出之前，先在一个约一米深的混浊水池中（以隐藏水中的操作机关）筑起一座水亭，挂上装饰物品，亭的屋檐上垂下竹帘，两旁有草木布景。操纵木偶的演员就站在竹帘后面的水里，利用竹竿与细线操纵木偶，使其做出跳跃、划船、翻滚等动作。演员们在演出前，会喝下鱼露，用老姜按摩身体，并穿上不透水的工作服，使下半身即使长期浸在水中，也不至于受凉。

如今，水上木偶戏已成为越南在国际上知名度最高的民间曲艺节目。位于河内的升龙剧院和胡志明市的金龙水上木偶剧院，每天排演水上木偶戏。这也成为外国游客到访越南时，首选的欣赏节目。水上木偶戏不仅是越南民间艺术的瑰宝，也是在国际上宣传越南、推广越南民族文化的最佳艺术形式之一。

五、官贺小调

官贺小调又称为"北宁官贺"，是越南北方省份——北宁省的传统歌唱表演艺术，历史悠久。其表演形式为一男一女、或几对男女进行情歌对唱，抒发对彼此的爱慕与思念。官贺小调讲究男女对唱时，歌词的对仗与和韵。因此，要求表演者应变能力强，并有较强的艺术感染力和表现力。

官贺小调词曲都十分有特色：语言浅显易懂而又对仗工整，涵义丰富、美好，感情丰富，表达形象，音韵多变而温柔缠绵，让人听来感觉内心平静、舒畅。

与传统舞台艺术不同，官贺小调一般只在庙会时进行表演。赶庙会时，青年男女通过对唱官贺小调，寻找自己的意中人，这不仅为庙会增添了热闹与乐趣，更为有情人相互交流搭起了桥梁。

经历了长时间的发展之后，官贺小调已变成越南民歌宝库中的一朵鲜艳的奇葩。至今，官贺小调已有约180首歌，其歌曲丰富多样，居越南各类民歌之首。

第七节　工艺美术

一、铜鼓

铜鼓是一种打击乐器，流行于中国广西、贵州、云南等少数民族地区及越南、老挝、缅甸等东南亚国家。铜鼓全部由铜制成，一般的铜鼓鼓面直径约50厘米，高约30厘米（也有更大些的）。鼓腔中空、无底，两侧有铜环耳。鼓面和鼓身都刻有精致的花纹。

铜鼓在越南文化中占有极其重要的位置，一些越南学者甚至认为，铜鼓文化是越南文化的杰出代表。铜鼓在越南各地都有分布，其中最著名的便是东山铜鼓。据越南相关史料记载，早在公元前1世纪，铜鼓就已开始出现在越南。铜鼓的产生是古代越人智慧的结晶，证明古越人在当时就已掌握了炼铜技术，远远早于东南亚其他国家。

从一定程度上说，铜鼓反映了古越人在农业生产、经济社会生活等各个层面的智慧与成就。一些保存至今的铜鼓，正面仍能清晰看到雕刻着古越人生活的图画，为今天考古学家和历史学家研究考证古越人的生活提供了宝贵的一手材料。迄今为止，越南许多地方都出土了铜鼓，如清化、北宁、高平及河东等。此外，在中国及东南亚几个国家也出土了为数不少的铜鼓。

越南铜鼓中，最具代表性的便是东山铜鼓。东山铜鼓是一种乐器，主要用于重大仪式场合及战争中。在举行重大仪式时，人们敲打铜鼓，其声音浑厚深沉，能起到增加共鸣的作用。而战争时，由士兵敲打铜鼓，能起到震慑敌人、增强自身军队凝聚力的良好效果。

因此，对于越南人民来说，铜鼓是一种精神的象征，它象征着古代越族人的勤劳、勇敢和智慧，更象征着越南民族的凝聚力和向心力。

二、东湖画

东湖画是越南颇具代表性的民间传统版画，17世纪时发源于越南北宁省的东湖村，因此名东湖画。东湖画有着鲜明的特色，虽经历了几个世纪的变迁，仍能较为完好地保存下来，成为越南民间工艺美术品的代表之一。

东湖画实际上并非手绘之画，而是以木刻为主的木刻版画。在印制木刻版画之前，必须做好相应的模子。这就需要技艺相对高超的工匠用刻刀一笔一画地刻画出来。这道工序是一幅东湖画成功与否的基础，因此不仅需要工匠具有高超的技艺，更需要有充分的细心与耐心。东湖画的另一大特色便是颜料选材的纯天然。各种植物叶子、动物身体、矿石等，都是东湖画颜料的来源。

东湖画的题材十分贴近农村普通民众的生活，表现形式不拘一格、幽默诙谐、借古讽今。随着时代的不断变迁，其题材也有着相应的改变。在封建社会里，东湖画的题材主要有：老鼠娶亲、采摘椰子、吃醋、摔跤等；到了法属殖民地时期，新增了文明进步、风俗改良等内容。越南独立以后，东湖画的题材更添丰富，越南独立、自力更生、擒获俘虏、胡伯伯回乡等充满时代气息的内容都变作了一幅幅生动活泼、栩栩如生的东湖画。

在过去，东湖画是越北地区农民们过年必备的装饰品。它平易近人、诙谐幽默的风格十分贴合老百姓的需求，也真实地再现了人们的生活。人们将它张贴在家中，既能起到装饰的作用，又能寄托人们对美好生活的向往。因此，在很长一段时间里，东湖画与春联、福字一样，成为越南北方民众过年时不可或缺的装饰品。时至今日，东湖画虽然已逐渐演变为工艺美术品而淡出普通民众的日常生活，但它所反映出的越南人民那种朴实、简单、幽默、乐观的精神，仍将影响着一代又一代的越南人民。

三、磨漆画

磨漆画是越南独具特色的工艺美术品，堪称越南之国画，具有浓郁的民族风情，更是越南民间传统文化艺术精华之所在，也是近年来，越南人出访国外的首选馈赠佳品。磨漆画通常使用越南传统硬木做画板，以越南特有的磨漆做颜料，多以山水、人物等为主要题材，风格深沉古朴，画面美观大方，具有光泽度高、耐磨性强、留存期长等特点。

漆画艺术在越南民间广为流传，特别是在越南北部河西、河北等省的一些乡村，流传历史十分悠久，许多村落世代经营着漆画工艺，父子相承，世代流传。

磨漆画制作的工艺颇为复杂：其原料——油虫漆主要取自漆树，加入松香后进行打磨。在作画过程中，还可以根据画面内容的需要，采用黑漆、朱漆、透明色漆等配以各种材料，如蛋壳、贝壳、金、银、宝石等进行绘、雕、镶嵌等各种技法，最后经打磨并罩上透明色漆，用细瓦灰与生油推光。这道工序最为重要，通常要经过24次涂漆、推光和打磨后，才能最终成就一幅磨漆画。因此，磨漆画具有与其他画种截然不同的独特美感，其画风富丽典雅、深沉古朴，具有浓郁的东南亚风韵。

磨漆画借助于材料的特殊性、工艺的复杂性以及天然漆的丰富表现力，以其独特的艺术语言和神奇的表现形式而深受越南人民乃至全世界各国人民的喜爱。它具有绘画和工艺的双重属性，既可以装饰厅堂，又可以作为收藏佳品，因此，磨漆画已作为越南传统工艺美术品的代表，受到世界各地艺术爱好者的热捧和珍藏。

四、传统木雕

越南地处热带，气候宜人，自然条件优越，森林覆盖率高，动植物资源十分丰富。越南盛产各种优质木材，具有耐久性强、可塑性高等特点，因此，越南发展木雕艺术具有得天独厚的条件。

越南木雕工艺久负盛名。其用料上乘、工艺精湛、造型美观、风格各异，深受世界各国工艺美术爱好者的喜爱。越南木雕通常选用产自越南中部西原地区和邻国老挝、柬埔寨原始森林中出产的酸枝木、鸡翅木、花梨木、檀香木等各种优质硬木做原料，经过精细的刀功凿刻雕花，变成了一个个栩栩如生、形态各异、美观大方的木雕艺术品。

越南木雕品种丰富，题材广泛，通常有神像、人物、动物、装饰摆件、家具等，大小不一、造型各异。根据品种的不同，木雕刀法也大有区别。形象粗犷豪放的人物，刀法往往刚劲有力，以突显其勇猛刚健；形象端庄温柔的神像，刀法则细腻精巧，以体现其宝相庄严。

越南绝大部分木雕工艺品都只用一整块木材雕刻加工而成，构思奇特巧妙，制作纯熟精美，不失为一件艺术珍品。陈设于家中，古色古香、美观大方，既可装饰厅堂，又能突显与众不同的越南民族风情。此外，越南木雕多选用优质檀香木、酸枝木等优质硬木，香味独特，经久不散，能起到净化居室空气的作用。

越南的木雕工艺用料上乘、构思新颖、刀法纯熟，造型种类繁多、栩栩如生，传承着深厚的民族传统文化，凝聚着越南人民的智慧，是越南传统工艺美术品的杰出代表，在世界各国都有着广泛的知名度和影响力。

五、建筑特色

在历史的发展长河中，越南接受中国等东方文化以及法国等西方文化的影响，因而其建筑风格融合了东西方文化特色，颇具独到之处。

越南建筑风格中的中国影响痕迹，在今天的河内、顺化、会安等保存较完好的古城，中国式的飞檐、花窗、彩绘、雕饰、木架结构及白墙黛瓦等建筑特色仍随处可见。古老的皇宫、祠堂、寺庙、庭院大多都依照中国式样来修建。古都顺化的紫禁城，基本上是依照北京紫禁城的布局和风格来建造，规模和豪华程度虽远逊于北京故宫，但自有一番独特的气派。而越南建筑风格中的中国影响因素，各地也不乏见。法式建筑讲究宏伟大气，以黄色外墙为主，尖顶、结构坚实，富丽堂皇。例如，法国殖民者在越南中南部高原地区建立了一座新的小城，名为"大叻"，并在全城兴建了许多欧式小别墅，尖顶、白色落地窗、砖瓦砌成之后，外墙刷上艳丽的颜色：红、黄、蓝、绿、紫等，十分漂亮。至今，大叻仍保存着欧式建筑风格，整个城市充满了欧陆风情。

革新开放以来，由于经济的逐渐发展，也由于"居者有其屋"的计划经济模式被打破，许多越南人自购宅基地，自建房屋。由于地少人多，宅基地通常都很狭小，为了充分利用空间，只能建起狭长的火柴盒状的小楼。今天，在越南各地，满大街狭长的盒状小楼，已成为了这个国家标志性的建筑之一。

随着城市化进程的加快，越南政府越来越重视城市建设的规划和布局。因此，越来越多的现代化小区、商业中心、摩天大楼也出现在河内、胡志明市等大城市。各种建筑并存于越南，见证了古典与现代、东西方文化在越南的碰撞与融合。

第四章
政策法规

本章导读

☆革新开放以来，尤其是进入21世纪之后，越南不断加快法制建设步伐，为其国内及对外经贸活动提供了更加健全的法律保障。《投资法》《企业法》《贸易法》《劳动法》《矿产法》等是越南现行经济法规中最值得关注的法律文件。在越南投资、经商和从事其他商业活动的外国组织和个人有必要了解上述法律的实施细则和指导文件。

第一节　法规综述

在社会主义定向市场经济建设以及融入国际经济的进程中，越南政府越来越重视经济法规的制订与实施。为了实现国家的宏观经济调控目标，维护社会经济秩序，保护正当和公平竞争以及保护国家、经济组织和公民的合法权益和保障、促进国民经济持续、稳定、健康发展，同时，也为了适应经济全球化的发展趋势，进一步吸引外商投资，推动对外经济发展，越南陆续制订、颁布了规范各种经济行为的法律文件，其中比较重要的有《投资法》《企业法》《贸易法》《劳动法》《矿产法》《招投标法》《海关法》《进出口税法》和《竞争法》等等。上述法律在实施过程中，曾根据形势的发展和具体情况的变化进行过相应的调整、修订和补充。

《外国投资法》于1987年首次颁布后，先后经历了6次大的修订和补充，2006年7月1日起生效的《投资法》摒弃了以前区分国内投资和外商投资的做法，为国内外投资商提供统一的投资管理法律框架。

《企业法》是越南第一次颁布适用于所有类型企业的法律文件，旨在使不同所有制的企业具有平等的法律地位，进一步完善了越南的企业组织和管理规定。

《贸易法》规定了零售市场中的特许经营权、行销市场、申请特许经营权所须具备的条件、办理手续等相关法律文本，为外资进驻零售市场奠定了法律基础。

《劳动法》对企业雇佣外籍员工做出了规定，对于越南劳动者未能胜任的高技术含量工作或管理工作，企业可以招聘一定比例的外国劳动者，但应通过有计划的培养使越南劳动者能够尽早担任该项工作并按政府规定取代外国劳动者。

《矿产法》明确了中央政府与地方政府对矿业权的分配权限，环境资源部负责全国的矿产调查、勘探、开采和加工许可证的审批、发放（省政府管理范围除外）。

关于招投标，根据2006年的《招投标法》，国家机关和使用国家财政采购信息设备的单位，只有在国内不能供应或国内采购成本高于招标要求的，才能组织国际招标。

第二节　投资法

2005年11月29日，越南第十一届国会第八次会议通过了《投资法》，取代1996年《外国投资法》、2000年《〈外国投资法〉修改、补充法》和1998年《鼓励国内投资法》。根据2006年7月1日起生效的新《投资法》，越南对国内和外商投资实行统一的管理，取消此前的《外国投资法》的诸多限制，进一步开放了市场。

根据新《投资法》，投资商自主投资权扩大，外商投资形式更加丰富，投资鼓励和优惠政策平等适用于国内外投资商，更有效保障了外商的合法权益。新《投资法》还对投资的行政审批手续进行较大幅度调整，进一步简化手续程序，给予地方更大的审批权限。投资商在投资优惠的领域和地区投资，可根据土地法和税法的规定，减免土地租金、土地使用费、土地使用税等。

一、新《投资法》概述

第一章总则，规定了调整范围、适用对象、名词解释、投资政策以及投资法律、国际条约、国外法律和国际投资惯例的适用问题。新《投资法》适用于国内和国外投资者在越南领土和从越南向国外的投资活动。

第二章投资保障，阐明了越南政府关于保护投资者合法资金和财产、保护知识产权、开放投资市场、向国外转移资金和财产、争端仲裁等问题的承诺。

第三章投资者的权利和义务，规定了投资者享有与投资活动有关的出口、进口、广告、营销、加工和再加工权，购买外币权，投资资金或项目的转让、调整权，土地使用权和土地配套财产抵押权。投资者应依照法律规定办理投资手续，履行纳税义务。

第四章投资形式，包括直接投资，成立经济组织，合同投资，发展经营投资，集资、购买股份和合并、收购，间接投资等。

第五章投资领域和地区、投资优惠和支持，规定了投资优惠领域和国家的支持政策。

第六章直接投资活动。第一节投资手续，明确规定了越南本地投资项目、外资投资项目的投资登记手续，普通投资项目和限制投资项目的审查手续等；第二节实施投资项目，规定了土地租赁、交接、拆迁，在越南市场销售产品，保险，投资项目终止，国家担保等问题。

第七章国有资金的投资、经营，包括国家资金投资、经营的管理，国家资金对经济组织的投资经营，国家资金对公益活动的投资，国家发展投资信用贷款投资，国有资金投资项目的管理组织和个人等内容。

第八章对外投资，明确规定了鼓励和禁止对外投资的领域及其条件，对外投资商的权利和义务，对外投资的手续。

第九章国家对投资的管理，介绍了投资管理的内容、责任和规划，促进投资，跟踪、评估投资活动，投资监查，违规违法行为处理等。

第十章实施条款。

二、新《投资法》的主要内容

（一）投资保障

越南承诺开放投资市场，对投资者实行统一的价格和费用。根据已经缔结或参加的国际公约，越南对外国投资者做出以下保证：

1. 按照承诺的时间表开放投资市场。

2. 不强迫投资者：

（1）优先购买、使用国内商品和服务，或必须购买国内某一生产厂家的产品和服务；

（2）商品或服务出口必须达到一定的比例，限制出口商品和服务或在国内生产商品，提供服务的种类、数量和价值；

（3）商品进口的数量、价值与商品出口的数量、价值相当，或必须通过企业自身出口来平衡进口所需的外汇；

（4）商品生产要达到一定的国产化比例；

（5）国内研发要达到一定的水平或价值；

（6）在国内外某一特定地点提供商品及服务；

（7）总部设在某一特定地点。

（二）投资优惠领域

1. 新材料、新能源的生产；高科技产品的生产；生物技术；信息技术；机械制造。

2. 农林水产养殖；制盐；人工育种，动植物新品种生产。

3. 高科技、现代技术的应用；生态环境保护；高科技的研发和孵化。

4. 劳动密集型产业。

5. 基础设施建设，重大项目建设。

6. 医疗、体育和民族文化事业。

7. 传统行业。

8. 其他需鼓励的生产、服务领域。

（三）投资优惠地区

1. 社会经济条件困难的地区，社会经济条件特别困难的地区。

2. 工业区、出口加工区、高科技区、经济区。

（四）限制投资的领域

1. 对国防、国家安全和社会治安有影响的领域。

2. 财政、金融领域。

3. 对群众健康有影响的领域。

4. 文化、通信、新闻、出版领域。

5. 娱乐服务。

6. 房地产经营。

7. 自然资源的考察、勘探、开采，生态环境。

8. 法律规定的其他领域。

（五）禁止投资的领域

1. 危害国防、国家安全和公共利益的项目。

2. 危害越南历史文化遗迹和道德、风俗的项目。

3. 危害人民身体健康，破坏资源和环境的项目。

4. 处理从境外输入越南的有毒废弃物的项目，生产有毒化学品或使用国际条约禁用的有毒催化剂的项目。

（六）投资优惠的对象和条件

1. 拥有符合新《投资法》第27条、28条规定的优惠领域和地区的投资项目的投资者，可根据本法及其他有关法律的规定享受优惠政策。

2. 上述优惠政策也适用于新建投资项目和扩建提高生产能力、经营能力、技术水平、产品质量以及减少环境污染的投资项目。

但是，越南投资占注册资本51%以上的合资企业则享受与国内企业相同的投资政策。

（七）税收优惠

1. 拥有符合新《投资法》第32条规定的投资项目的投资者，可享受优惠税率。

2. 投资者通过向经济组织出资、购买股份所取得的收入，在该经济组织缴纳营业税后，可享受税收优惠。

3. 对于符合《进出口税法》规定的在越投资项目，其进口的设备、物资、运输工具和其他货物免征进口税。

4. 对于属于投资优惠项目的技术转让所取得的收入，按照税法的规定免征所得税。

三、新《投资法》的特点

（一）放宽了投资自由

虽然越南按承诺的时间表对一些领域和行业进行了投资保护，但新《投资法》为完全自主投资提供了法律依据，简化了审批手续，提高了投资者的投资主动权。

（二）扩大了投资自主权

投资者可投资法律不禁止的行业和领域，根据越南法律的规定自主决定投资活动。也就是说，投资者可以自主选择投资领域、投资形式、融资方式、投资地点和规模、投资伙伴及项目活动期限（其中外国投资项目的活动期限为50至70年）。

（三）丰富了投资形式

新《投资法》第21条和26条规定了间接投资和直接投资两种形式。其中，直接投资主要包括以下6种方式：

1. 成立越南投资者或外国投资者独资的经济组织；
2. 成立越南投资者和外国投资者联营的经济组织；
3. BCC、BOT、BTO、BT合同形式的投资；
4. 投资发展经营；
5. 通过购买股份或融资参加投资管理；
6. 企业合并、并购，这是外国投资者进入越南市场的新渠道。

在越南的间接投资则包括购买股份、股票、债券等有价证券，投资基金，通过其他中间金融组织投资三种方式。

（四）强调对投资者权益的保护

新《投资法》规定，投资者的投资资金及合法财产不被国有化，不以行政手段没收；由于国防安全和国家利益确实需要征购、征用投资者的财产时，国家将按征购、征用公告颁布时的市场价进行支付或赔偿。同时，国家依法保护投资活动中的知识产权，保护投资者在越南进行技术转让的合法利益。

（五）规定外国投资者有权在国外解决争议

对于外国投资者、外资企业与越方之间以及外国投资者之间的争议，可交由越南法院、越南仲裁机构、外国仲裁机构、国际仲裁机构或争议各方协商成立的仲裁机构解决。

（六）对外商投资企业实行国民待遇

投资优惠政策旨在按照既定发展目标吸引投资或引导投资方向，它在全世界尤其是发展中国家得到了普遍的运用。新《投资法》指出，越南依法平等对待各种经济成分的投资者，平等对待国内和国外投资者。具体表现为，外商投资企业在越南成立后，基本享有与越南企业相同的权利和义务，比如不需要新项目就可以成立新法人。同时，已经成立的经济组织和企业也可以不成立新法人就开展新的项目。外国投资者还有权扩展投资目标和投资项目。

（七）按照国际承诺取消了一些优惠措施

按照越南加入WTO的承诺取消了出口鼓励优惠措施，同时取消了单独适用于工业区、出口加工区、高科技区、经济区投资项目的优惠措施，避免在大城市中心工业区的投资项目享受与艰苦山区相同的优惠条件。

（八）改革投资行政手续，明确各级分工

新《投资法》的第六章有一节专门阐述投资手续。此前，外国投资项目都必须申请审批和颁发投资许可证，但现在外国投资项目与越南本地项目具有相同的地位。

外国投资许可证颁发程序得到进一步明确。分级颁发许可证的新主张从根本上改变了此前的管理方式，省级人民委员会、工业区管理委员会有权向数额在8000亿盾以内的投资项目颁发投资许可证，这样中央投资管理部门就可以把精力集中在制定政策和促进投资上。

第三节　企业法

一、诞生背景

2005年11月29日，越南社会主义共和国第十一届国会第八次会议通过了《企业法》。新《企业法》从2006年7月1日起正式生效，取代1999年《企业法》、2003年《国有企业法》和1996年《外国在越南投资法》以及2000年《〈外国在越南投资法〉修改、补充法》中有关企业组织管理和活动的规定。这是越南第一次颁布适用于所有类型企业的法律文件，它"完善了社会主义定向的市场经济体制，促进经济社会发展，符合与国际接轨的内在要求，克服了越南现行企业法律系统的缺点，平等对待不同经济成分的企业，继续完善企业组织和内部管理"。新《企业法》放宽了市场准入条件，扩大了优惠条件，给予外商投资企业国民待遇，使投资法制环境进一步得到改善，将对越南吸引外来投资产生积极的影响。

二、主要内容

新《企业法》共10章172条。

第一章总则，规定了法律适用、名词解释、国家的保障、企业的权利和义务等问题。企业法适用于各种经济成分的有限责任公司、股份公司、合营公司、私营公司以及集团公司，国家承认符合《企业法》规定的各类企业的长期存在和发展，保证各类企业在法律上的平等地位，平等对待任何形式的所有制和经济成分；承认其经营活动盈利的合法性；承认并保护企业、企业所有者的财产、投资资金、收入的所有权和其他合法权益。

第二章企业成立和经营注册，主要内容为企业的成立与管理、集资和购买股份的权利，经营注册程序，公司章程内容，颁发经营注册许可证的条件，经营注册许可证的内容，财产所有权转让，出资财产的定价，以及企业名称、驻地、印章和办事处、分公司、经营地点等。越南和国外组织、个人均有权依法在越南成立、管理企业。外国投资者不仅可以成立有限责任公司，还可以成立股份公司、合营公司。越南国有公司可以成立有限责任公司或股份公司。首次在越南投资的外国投资者的注册材料、程序、条件和内容依照本法和《投资法》的有关规定办理。企业注册的时间由15天缩短为10天，成立分公司、办事处或更改经济注册许可证内容，时间为7天。

第三章有限责任公司，包括两个以上成员有限责任公司和一个成员有限责任公司（中国《公司法》的术语为"一人有限责任公司"）两节，规定了两类公司的出资与出资证明，成员的权利和义务，公司管理组织机构，董事会，董事会会议，董事会主席（或公司主席），经理或总经理，公司监督，增减注册资本等内容。两个以上成员有限责任公司是由2至50个组织或个人组成的有限责任公司，一人有限责任公司是由1个组织或个人组成的有限责任公司，均从颁发经营登记许可证之日起具备法人资格。在组织管理机构方面，两个成员以上的有限责任公司设立董事会、董事长、经理或总经理，11个成员以上的有限责任公司应设立监事会，少于11个成员的则可根据公司管理需要设立监事会。一个成员有限责任公司则由公司所有者任命一名或若干名授权代表，履行本法及相关法律规定的权利和义务，任期不超过5年，公司所有者有权随时更换授权代表。

第四章股份公司，规定了股份公司的股东、股份、股票、股息等内容，阐明了股份公司的管理组织结构。股份公司是指法定资本被分成等额股份，股东以其注入公司的资本为限对公司的债务和财务义务承担责任的公司。股份公司有权通过发行各种证券来筹集资金，股份分为普通股份和优先股份；普通股不能转换为优先股，优先股依股东大会的决定可转换为普通股。股份公司设股东大会、董事会主席、董事会成员、经理或总经理，个人股东超过11名或者单位股东占公司股份总数超过

50%的股份公司设监事会。董事长或者经理、总经理担任公司法定代表，具体由公司章程做出规定。公司代表应常驻越南，如离开越南超过30天，应按公司章程规定书面授权他人行使公司法定代表的权利。

第五章合营公司，对合营公司出资和出资证明、公司财产、合营成员的权利和义务、董事会、公司经营管理、合营成员和集资成员的管理作出了详细规定。合营公司是指由两个或两个以上公司所有者以共同的名义开展经营的公司，除合营成员外，还可有出资成员。合营成员必须是自然人，以自己的全部财产对公司的各种义务负责。合营成员不得担任私营企业主或其他合营公司的合营成员，除非得到其他合营成员的同意。合营公司不得发行任何证券。

第六章私营公司，对公司所有者的投资资金、公司管理、租赁、出售作出了规定。私营公司是指由一名自然人投资经营，以全部私有财产承担企业所有责任的公司。每个人只能设立一家私营公司，私营企业主是企业法定代表，全权决定企业的一切经营活动和使用税后利润。私营公司不得向社会发行任何债券。

第七章企业集团，对母公司对子公司的权利和义务、母公司和子公司的财务报告、经济集团作出了规定。企业集团是指在经济利益、技术、市场和其他经营业务上具有长期、紧密联系的公司集合体，包括母公司—子公司、经济集团等形式。

第八章公司重组、解体和破产，对公司的分立、合并、转换、暂停经营、解体、破产等作出了规定。有限责任公司和股份公司可分立出一个或几个同类公司，包括新设分立和派生分立两种情况。两个或两个以上的有限责任公司和股份公司可通过转移全部财产、权利和义务、合法利益的方式合并为一个公司，包括新设合并和吸收合并两种情况。有限责任公司和股份公司之间可相互转换。

第九章国家对公司的管理，规定了国家对公司的管理内容和职责分工、经营注册部门、公司经营活动的检查和监察、违法行为处理等问题。

第十章实施条款。

第四节　贸易法

越南第一部《贸易法》于1997年颁布，为适应不断发展的国内与国际贸易需要，增强《贸易法》对贸易活动的指导性，2005年越南颁布了新《贸易法》。新《贸易法》共9章324条。

一、新《贸易法》的主要内容

第一章总则，规定了本法的调整范围、适用对象和法律适用等问题，明确了贸易活动的基本原则以及在越南开展贸易活动的外国商人问题。

新《贸易法》的调整范围为在越南领土上发生的贸易活动。对于在越南领土外发生的贸易活动，各方协商采用本法的以及越南缔结或参加的国际条约、外国法律规定采用本法的，亦属于本法的调整范围。对于在越南领土内与商人进行的非营利交易活动，非营利方亦可选择采用本法。适用对象包括：第一条规定的从事贸易活动的商人；开展与贸易有关的活动的其他组织、个人；政府根据本法的原则，针对独立开展经济性贸易活动而不需要经营注册的个人制定本法的具体实施办法。商人指依法成立的经济组织和独立开展经常性贸易活动并进行经营注册的个人。

第二章商品购销。商品指所有的动产，包括将来形成的以及依附在土地上的动产。本章对国内商品购销和国际商品购销作出了规定，商品商标和原产地问题也得到了明确。而通过商品交易所进行交易的具体规定则仍有待政府颁布。

第三章服务提供。第一节是一般规定，明确了禁止经营、限制经营、有条件经营的服务领域，双边贸易协定和世贸组织采用的服务供应方式得到了认可。第二节是合同各方的权利与义务。

第四章贸易促进，分别对促销、商业广告、商品展示和推介、商业会展作出了规定。商人既可以促销自身经营的商品和服务，还可以通过促销商来促销商品和服务。促销商品、服务的最大折扣范围由政府规定。禁止为烟草、30度以上的酒类做广告。代表处不得开展商品广告、推介和会展活动。

第五章贸易中介活动，包括商人代表、商业中介、商品购销委托和商业代理等内容。

第六章其他具体的贸易活动，包括贸易加工、商品竞价、商品和服务招投标、物流服务、商品过境及商品过境服务、鉴定服务、商品租赁、商业权转让等内容。

第七章贸易制裁与贸易争端解决，列举了七种针对商业活动的制裁措施，但同时也规定了免除责任的情况。出现争端时，双方可通过协商、和解来解决，也可以通过仲裁机构或法院来裁决。

第八章、第九章分别是违法行为的惩处与实施条款。

二、新《贸易法》的指导思想

第一，制定合理的贸易法律、政策，推动商品和服务市场的发展。首先，明确了新《贸易法》的法律地位。与2005年《民法典》相比，它是专门法；与规定具体贸易活动的专门法律相比，它则是普通法。其次，扩大了调整范围，对服务供应和贸易促进都作出了规定，把贸易促进、贸易中介等性质相近的贸易活动分别纳入专门的章节。

第二，充分尊重并发挥个人、法人的贸易自主权。

第三，自由、自愿订立承诺、协议是贸易活动的基石。

第四，规定商品贸易、服务贸易的一般性原则，并与其他现行法律保持一致。

第五，遵循越南已缔结或参加的国际条约以及国际法、国际习惯。

第六，确保国家管理的公开性与高效性，不干扰合法的市场贸易活动。

三、对在越南活动的外国商人的规定

外国商人指按照外国法律规定成立、注册，或得到外国法律认可的商人。外国商人可在越南设立代表处、分支机构，享有越南法律赋予的权利和义务。外国商人也可以按照越南法律、越南缔结或参加的国际条约的规定在越南成立合资企业，待遇等同越南商人。也就是说，除了代表处和分支机构外，外国商人还可以以联营企业、独资企业的形式进入越南市场。

第五节　劳动法

越南现行的《劳动法》是1994年6月23日在第十一届国会第五次会议通过的，自1995年1月1日起生效。之后，越南分别于2002年和2006年对该法的部分条款进行了修订。

一、总则

《劳动法》适用于为越南境内的外商投资企业、驻越外国或国际机构、组织工作的越南公民，以及在越南境内为越南企业、组织和个人工作的外国人。劳动者指15周岁以上有劳动能力并订立劳动合同的人。劳动使用者是指雇佣、使用劳动者并支付报酬的企业、机关、组织或18周岁以上的个人。劳动者的工资在与劳动使用者协商的基础上按照劳动效率、质量和效益予以确定，不得低于国家规定的最低工资。劳动者受到劳动保护，劳动安全、劳动卫生等工作条件得到保障，享受带薪休假、年假及法定的社会保险。

二、劳动合同

劳动合同应为书面合同，只有家政工作或3个月以内的临时性工作可以订立口头协议。书面劳动合同包括无固定期限合同、1至3年固定期限合同、季节性或12个月以内完成一定工作的劳动合同。对于期限为12个月以内的合同，应在期满30天内签订新合同；如不签订新合同而继续工作，则旧合同继续生效。劳动合同应包括工作内容、工作时间、休息时间、工资、工作地点、合同期限、劳动安全与劳动卫生条件、社会保险等。

以下列情况下，签订1至3年固定期限合同、季节性或12个月以内完成一定工作的劳动合同的劳动者可单方面提前解除合同：

（1）工作内容、工作地点或工作条件不符合合同规定；

（2）未依照合同规定足额或按时发放报酬；

（3）被虐待或强迫劳动；

（4）本人或家属确实有困难而不能继续履行合同；

（5）获选担任各级人民议会的专职工作或被任命为国家公职；

（6）遵医嘱应休息的孕妇；

（7）固定期限合同者因患病、工伤经3个月治疗不愈，季节性或12个月以内合同者因患病、工伤经合同四分之一时间治疗不愈。劳动者健康恢复时，可考虑继续订立合同。

劳动使用者单方面解除合同的条件如下：

（1）劳动者经常未按合同完成工作；

（2）劳动者受到解雇处分；

（3）无固定期限合同者因患病经连续12个月治疗不愈，固定期限劳动合同者因患病连续6个月治疗不愈，季节性或12个月以内合同者因患病经合同期一半时间治疗不愈；

（4）因自然灾害、火灾或政府规定的不可抗拒因素，劳动使用者采取所有补救措施后仍被迫缩小生产规模而裁减员工。

《劳动法》还规定了用工试用期，技术性工作不超过60天，一般性工作不超过30天，临时性工作不超过6天。试用期薪资不少于正式录用薪资的70%，试用期内，双方可对合同进行修改和补充。

劳动者代表与劳动使用者代表可以本着自愿、平等和公开的原则订立集体劳动协议，其内容不得违反劳动法律和其他法律的有关规定。国家鼓励比现行法律规定更有利于劳动者的集体劳动协议。劳动者代表为工会主席或工会授权人，劳动使用者代表为用人单位经理或其授权人。集体劳动协议必须得到50％以上的劳动者同意方可订立。集体劳动协议的期限为1至3年。第一次订立集体劳动协议的企业，可签订1年的协议。集体劳动协议到期后，双方可协商延长协议或签订新的协议。

三、工资待遇

工资由合同双方商定后写入合同，可以选择计时（小时、日、周、月）、计件、包工等工资形式。工资应按时发放，特殊情况延迟发放工资的，最长不能超过1个月，而且应额外支付不低于国家银行规定的储蓄存款利息的补偿金。

每天的工作时间不得超过8小时，每周不得超过48小时。双方可商定加班时间，但每天的加班时间不得超过4小时，每年加班时间不得超过200小时。特殊情况需要加班的，总加班时间不得超过300小时。非节假日的加班工资不得低于正常工资的150％，公休日（周末）不得低于正常工资的200％，法定节假日和带薪休假日不得低于正常工资的300％。越南的法定节假日包括元旦（1月1日一天）、春节（农历年三十和初一至初三四天）、胜利日（4月30日一天）、国际劳动节（5月1日一天）、国庆节（9月2日一天）。夜间加班的，还应支付夜间加班费。

工作时间超过3个月和无固定期限劳动合同，须办理强制性社会保险。工作时间不足3个月的劳动合同，社会保险费计入工资，由劳动者参加自愿性社会保险或自理保险。劳工因工受伤残，雇主须支付医疗费，如未投保，亦按社会保险条件支付赔偿。

四、境内涉外劳动

在符合《外国投资法》规定的企业，在出口加工区、外国或国际驻越机构、组织中工作，或为在越南的外国个人工作的越南公民以及在越南工作的外国人都应遵守越南《劳动法》，并受到越南劳动法的保护。

外商投资企业可以直接招聘或通过职业介绍组织招聘越南劳动者，招聘后应将名单报送当地劳动管理部门。对于越南劳动者未能胜任的高技术含量工作或管理工作，企业可以招聘一定比例的外国劳动者，但应通过有计划的培养使越南劳动者能够尽早担任该项工作并按政府规定取代外国劳动者。在越南的国际或外国机构、组织和外国个人可按政府规定招聘越南劳动者和外国劳动者。

越南劳动者的最低工资由政府征求越南劳动者总工会和劳动使用者代表的意见后决定和公布。

为在越南的企业、组织和个人工作3个月以上的外国人应持有省、直辖市和国家劳动管理部门颁发的劳动许可证。劳动许可证有效期与劳动合同有效期一致，但不得超过36个月，可根据劳动使用者的建议延长期限。

在越南工作的外国劳动者享有越南法律规定的权利和义务，越南缔结或参加的国际条约另有规定的除外。

第六节　矿产法

为了加强对矿产资源的管理，更好地保护和利用矿产资源，1996年越南国会九届九次会议通过了《矿产法》，并于

2005年6月14日对该法进行了修订。越南新《矿产法》中的一个重要变化是，明确了中央政府和地方政府对矿业权的分配权限，环境资源部负责全国的矿产调查、勘探、开采和加工许可证的审批、发放（省政府管理范围除外），省人民委员会有权发放个人采矿许可证和普通建筑材料矿产的普查、勘探、采矿和加工许可证，以及国家矿产总规划以外地区或国家矿产储备地区以外地区的矿产开采和加工许可证。许可证发放部门有权批准该许可证的延长、撤消、恢复和转让。

一、主要内容

《矿产法》共十章。第一章是总则，第二章规定了矿产资源保护、矿产资源地质基本调查等内容，第三章规定了矿产活动的区域和环境保护的相关问题，第四章是矿产考察，第五章是矿产勘探，第六章是矿产开采、加工，第七章是国家矿产资源管理，第八章是矿产专业监察，第九、第十章分别是奖罚、实施条款。

《矿产法》规定，越南社会主义共和国陆地、海岛、内河、领海、专属经济区和大陆架范围内的矿产资源都属于全民所有，由国家统一管理。该法适用于国家矿产管理部门，矿产地质基本调查组织，在越南从事矿产活动的国内外个人和组织，定居国外的越南人，与矿产管理和保护有关的其他组织和个人。越南鼓励外国组织和个人与越南合作开展矿产资源的地质基本调查。

越南鼓励经济社会条件落后、特别落后地区的就地加工型矿产开采项目，运用先进技术、回收有用成份加工金属、合金产品的环保项目，通过加工进口矿产来满足国内需求和对外出口的项目。

二、矿产开采程序

根据《矿产法》的规定，外国组织和个人投资越南采矿业须按照有关政策规定办理投资项目申请报批手续，获政府职能部门颁发的相关许可证后方可开展活动，并按规定享受越南对外商投资企业提供的优惠政策。

外国投资采矿者必须事先获得计划投资部颁发的外国投资许可证。矿业公司的投资许可证（营业执照）根据投资规模和项目种类由省（直辖市）计划投资厅受理并报省（市）人民委员会审批或由国家计划投资部受理并报政府总理审批。

"矿产考察许可证"由国家地质矿产局受理，报国家资源环境部审批。矿产考察许可证的有效期限不超过12个月，可依照政府的有关规定延长期限，但延长时间不得超过12个月。

"矿产勘探许可证"由国家地质矿产局受理，报国家资源环境部审批。根据现行规定，外国投资者进入越南勘探也要取得勘探许可证，有了勘探许可证方可使用勘探区内的矿产资源数据和信息，在勘探区内获取的样品可以运往国外。同时，探矿权人还要依法缴纳手续费、押金，按照获批的勘探计划开展勘探，并向省人民政府报告勘探计划。矿产勘探方案的费用预算不得低于政府规定的最低标准。实际发生费用低于最低标准的，获准从事矿产勘探的组织或个人必须将差额部分上缴国家财政。勘探结束后，须将收集到的样品、数据、信息上交国家矿产管理部门。矿产勘探许可证的有效期限不超过24个月，可按政府规定延长期限，但延长时间不得超过24个月。必要时，可对许可证过期的组织或个人再次颁发内容相同的矿产勘探许可证。

"矿产开采许可证"由国家地质矿产局受理，报国家资源环境部审批。探矿权人可优先获得采矿许可证，但必须在勘探许可证到期后6个月内提交申请，否则矿产主管部门可向其他组织或个人发放该地区的新矿产勘探许可证或矿产开采许可证。开采许可证的期限视项目可行性研究报告而定，但不得超过30年。可根据政府规定延长期限，但延长时间不得超过20年。

"矿产加工许可证"由国家地质矿产局受理，报国家资源环境部审批。

"再生矿产回收利用许可证"由省（直辖市）资源环境厅受理，报相应人民委员会审批。

申请矿产开采项目许可证时，需提交的文件材料包括：项目申请书，考察（勘探）方案，国家主管部门批准的勘探结果报告、可行性研究报告、环保标准报告，经过公证的外商营业执照或外商投资企业投资许可证副本等。受理机关自接收符合要求的申请材料之日起60天内（不含征求有关地方和部门意见的时间）完成审查报批手续。

三、限制条款

《矿产法》第5条"国家的矿产政策"明确规定，越南限制出口原矿、精矿，出口矿产和限制出口矿产的名单、条件与标准由政府颁布。据此，越南政府可在任何规定的时间内宣布允许出口和限制出口的矿产名单，即使是矿产投资者已经投资并用于出口的矿产开发项目也不例外。

第14条有关禁止或暂时禁止从事矿业活动地区的规定指出，政府可出于国家的国防、安全、历史、文化或公共利益等原因宣布正在采矿的地区为禁止或暂时禁止采矿区。

第16条有关矿业活动中的环境保护规定指出，获准从事矿产活动的组织和个人必须承担用于保护和恢复环境、生态和土地的全部费用。环境影响评估报告、矿产开采和加工可行性研究报告或矿产勘探方案，均必须明确上述费用。获准从事矿产活动的组织和个人必须在一家越南银行或获准在越南开展经营的外国银行存入一笔用于恢复环境、生态和土地的保证金。

第39条规定，矿山的基本建设必须在开采许可证生效后的12个月之内开始动工。

第40条规定，开采许可证失效时，开采许可证规定地区内用于矿山安全、环境保护的所有建筑和设备将转归国有，不得搬迁、毁坏。

第七节　招投标法

越南现行的《招投标法》由越南第十一届国会第八次会议于2005年11月29日通过，从2006年4月1日起生效。《招投标法》共六章，第一章总则，规定了适用范围，并对有关法律用语进行了界定，明确了承包商的资质和要求；第二章承包商的选择，规定了承包商的选择形式和招投标程序；第三章合同，明确了合同的订立原则与合同类型；第四章招投标各方的权利、义务，规定了招标负责人、业主、招标方、承包商以及审标方的权利和义务；第五章招投标活动的管理，规定了政府和职能部门对招投标活动的管理责任与权限，特别是有关招标情况的处理；第六章是实施条款。

一、《招投标法》概况

（一）法律适用范围

《招投标法》适用于以下项目的咨询、采购、建安承包商选择：国家资金占30%以上的投资开发项目；为维持国家机关、政治组织、各类社会组织和人民武装部队经常性活动而使用国家资金进行的采购项目；为国有企业已有设备、生产线、厂房的改造和大修而使用国家资金进行的采购项目。

（二）重要概念

国家资金包括国家财政资金、国家担保的信贷资金、国家发展投资信贷资金、国有企业发展投资资金及国家管理的其他资金。

招标负责人指依法对项目有决定权的人。国家资金占30%以上的项目（国家资金全资项目除外），招标负责人为董事会或出资各方的授权代表。

业主指直接管理和实施项目的资金所有人或其授权代表、贷款人。招标方指业主本身或业主按招投标法律规定聘用的有足够水平和经验的专业组织。承包商指具备本法规定资质的组织和个人。

二、承包商

承包商分为单位承包商和个人承包商。国内的单位承包商应具备营业执照、投资证，无营业执照的应具备批准成立的决定。外国的单位承包商应在所属国主管部门进行注册，还应具有独立经济核算能力，未被主管部门认定为财政状况有问题或正处于解体过程。个人承包商应拥有其国籍所在国法律规定的完全民事行为能力，依法注册经营活动或向主管部门申领相应的专业证书，且未被追究刑事责任。

《招投标法》规定，可以通过广泛招标、限制招标、指定承包、直接采购、竞争报价、自行实施等六种形式选择承包商。对于不能采用上述招标方式的特殊标的，业主应在充分竞

争和确保经济效益的前提下拟定承包商选择方案，报政府总理
审批。

广泛招标不限制投标承包商的数量。在发布招标书前，招
标方应通过报纸、网站公布招标公告。限制投标指招标方邀请
至少五个具备相应水平和经验的承包商参加投标。限制投标适
用于以下情况：（1）外国资助方对标的所用资金提出要求；
（2）技术要求高或有特殊性的标的；（3）只有部分承包商能
达到要求的研究性、试验性标的。指定承包指直接选择符合招
标项目要求的承包商。竞争报价适用于20亿越南盾以下的商品
采购招标项目。

三、招标程序

（一）招标的准备

1. 承包商预选

在组织招标前进行承包商预选，选择水平和经验均符合标
的要求的承包商参加投标。3,000亿盾以上的货物采购标的、
EPC标的、2,000亿盾以上的建安标的均应进行预选。

2. 编制招标书

按照政府规定格式编制招标书，内容包括技术要求、财务
及贸易要求、评估标准、优惠条件、税收、保险及其他要求。

（二）招标的组织

1. 发布招标书

发布招标书的对象为参加广泛招标的承包商、被邀请参加
限制招标的承包商或已通过预选的承包商。招标书发布后如需
修改，应在封标之前至少十天通知已收到招标书的承包商。

2. 接受和管理投标书

接受符合要求的投标书，并按照"保密"文件进行管理。

3. 开标

封标之后应立即公开进行开标，各承包商投标书的主要信息应予以公布。

（三）评估投标书

第一步是初评，排除不符合规定、不能满足招标书重要要求的投标书。第二步是详评，通过技术评估选择基本满足招标书要求的投标书，采购、建安、EPC标的应从技术、财务和贸易角度进行比较，咨询服务标的应进行综合评估。

（四）中标审核

中标的咨询承包商应提供符合要求的技术方案、技术和财务综合分数最高且投标价不高于招标价。中标的采购、建装、EPC承包商应提供符合要求的技术方案、报价最低且投标价不高于招标价。

（五）审批招标结果

招标方应编写招标结果报告，经业主递交招标负责人审批，并提交负责审核的有关部门、单位。负责审核的部门、单位应在业主报告的基础上编写招标结果审核报告，递交招标负责人审批。

（六）公布招标结果和商洽、完善、签订合同

四、合同

（一）合同的订立原则

合同应符合《招投标法》和相关法律的规定。承包商联合体与业主订立的合同应由联合体全部成员签字。合同价不得超过中标价。如果发生招标书范围外的工作量或货物量，导致合同价超过中标价，则由招标负责人审批。

（二）合同类型

1. 一揽子合同，适用于可以准确计算数量、体积的工作。

2. 单价合同，适用于暂无法准确计算数量、体积的工作。

3. 时间合同，适用于复杂研究、设计咨询、建安监理、培训。

4. 比例合同，适用于普通的简单咨询服务。

（三）合同履行担保

在合同生效之前，中标承包商应办理合同履行担保，但咨询服务和自行实施的项目除外。

五、招标过程中的情况处理

（一）遵循的原则

保证充分、公正、透明，确保经济效益；以获批的招标计划、招标书内容和投标书内容为依据；招标负责人是处理招标情况的决定人，并对自己的决定承担法律责任。

（二）招标争议的解决

投标承包商有权就承包商的选择结果和招标过程中的有关问题提出建议。投标承包商的建议由招标方、业主和招标负责人处理。

第八节 关于外国人出入境和居住的规定

一、有关法令和实施细则

为了发展越南同外国的友好合作关系，保护国家利益和主权，越南国会常务委员会于2000年4月28日通过了《越南外国人出入境和居住法令》，从2000年8月1日起生效。其实施细则于2001年5月28日颁布。

法令指出，越南为外国人的出入境、过境创造便利条件，在越南法律和越南缔结或参加的国际条约基础上保护在越南居住的外国人的生命、财产和其他合法利益。在越南出入境、过境、居住的外国人应遵守越南法律，尊重越南人民的传统、风俗习惯。

关于外国人入境，法令指出，入境外国人必须持有护照或代替护照的有效证件，并应有越南国家主管机关的签证。免除签证的情形除外。

签证分一次性签证和多次性签证，可在不超过12个月的期限之内一次或多次使用。12个月以内的一次有效或多次有效签证发给持有赴越南实施投资许可证项目或实施与越南机关、组织的合作合同的外国人，到外国驻越南办事机构的工作人员及其随行直系亲属。6个月以内的一次有效或多次有效签证发给受越南机关、组织或个人邀请的外国人。15天的一次有效签证发给没有受到越南机关、组织或个人邀请而申请入境的外国人。从2009年8月起，越南暂停办理半年多次商务签证业务。随着越南签证政策的收紧，如要办理三个月两次往返和六个月多次往返商务签证，需要得到越方的邀请和越南出入境总局特批公函。

由越南法院裁定驱逐出境、越南公安部部长做出驱逐出境决定的，可以将外国人驱逐出境。公安部部长有权在下列情况下做出驱逐外国人出境的决定：因严重触犯越南法律而被行政处罚的；犯罪但免于追究刑事责任的；出于维护国家安全和社会治安需要的。

为了落实外国人出入境和居住的法令及实施细则，2002年

1月29日，越南公安部、外交部联合发布了关于落实《〈外国人出入境、居住法令〉实施细则》的指导意见；2002年7月1日，越南政府公布了出入境免税行李和免税进口赠品限额；2003年4月24日，越南财政部发布通知，规定了在越南办理出入境、过境、居住护照、签证和证件规费的收缴、管理、使用制度，并于2005年8月1日进行了补充和修改。上述文件细化了外国人出入境和居住制度，对于在越南出入境和居住的外国人管理具有非常重要的指导和实践意义。

二、越南口岸入境免税行李限额

表4-1 越南口岸入境免税行李限额

序号	物品名称	限额	备注
1	酒、含酒精饮料：		
	—22度以上	1.5升	未满18岁的不享受免税
	—22度以下	2升	
	—含酒精的饮料，啤酒	3升	
2	烟：		
	—卷烟	400支	未满18岁的不享受免税
	—雪茄	100支	
	—烟丝	500克	
3	茶叶、咖啡：		
	—茶叶	5公斤	未满18岁的不享受免税
	—咖啡	3公斤	
4	衣服、个人用品	数量视出行目的而定	
5	本表1、2、3、4项以外的其他物品（且不属于禁止进口或限制进口物品名单）	总价值不超过500万越南盾	

注：2005年6月，越南国家银行规定，越南公民和外国人出入境时，每人可携带的现金为7,000美元或等值其他外币（包括纸币、金属货币和旅游支票）或1,500万越南盾，超过的必须向海关申报。

三、其他相关规定

（一）2005年《旅游法》

游客包括内地游客和国际游客。内地游客指在越南境内旅游的越南公民、常驻越南的外国人；国际游客指来越南旅游的外国人、定居外国的越南人以及出国旅游的越南公民和常驻越南的外国人。游客可以便利地办理出入境、过境、海关、住宿等手续，可以在越南境内出行、参观、游览，但禁区除外。

（二）2005年《外汇法令》

在越南境内，居住人、非居住人的一切交易、结算、公告、广告均不得以外币表示，但同信用组织交易及通过代收、委托、代理等中介结算和政府总理批准的其他必要情况除外。

（三）2005年 2月15日《海关法》关于海关手续、海关监管细则的决定

应当办海关手续，接受海关监管的对象包括：进出口、过境货物；出入境、过境运输工具上的用品；进出口的外币、越盾、贵金属、宝石、文化产品、文物、邮件包裹；出入境人员的行李；在海关部门管辖区域内的进出口、过境或留置的其他物品；出入境、过境、转港的公路、铁路、航空、航海、水路运输工具；与上述对象有关的海关材料和证明。

（四）领事业务费用

外国人赴越南需要办理的领事业务费用见下表。

表4-2　领事业务费用表

序号	费用名称	单位	费用（美元）
1	签证		

续表

序号	费用名称	单位	费用（美元）
1）	一次出入境、过境签证	份	30
2）	多次出入境签证：		
	——一个月以内	份	50
	——六个月以内	份	80
	——六个月至一年	份	120
2	将有效签证转移至新护照	份	15
3	加收费用		
	——24小时加急取件		30%
	——36小时加急取件		20%
	——非工作时间，节假日办理		30%

越南出入境申报单（样表）

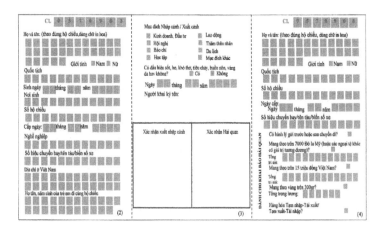

CUSTOMS INFORMATION

1. - Passengers are given duty free allowance for not more than 1.5 liters of liquor with above 22 degrees of concentration of alcohol and 2 liters below 22 degrees; 400 cigarettes; 100 cigars; 500g raw tobacco.

    - Other items which are allowed in accompanying baggage are duty free with value not over VND 5.000.000.

    - Passengers bringing goods that exceed the level as regulated above are subject to customs declaration following the declaration form No. HQ/2002-PMD and duty payment according to Vietnamese laws.

2. Passengers whose goods are not subject to customs declaration on page 4, 5 (For customs declaration) do not have to declare.

(6)

THE SOCIALIST REPUBLIC OF VIET NAM

ARRIVAL – DEPARTURE DECLARATION

WELCOME TO VIET NAM

ATTENTION!

- Please complete all the information in appropriate boxes on page 2, 3, 4, 5;
- Please print in black or green ink

(1)

Dutiable goods:

Date ☐ Month ☐ Year ☐

Signature of declarant

Departure-Arrival Authentication	Authentication by Customs

(5)

MINISTRY OF FINANCE

ARRIVAL - DEPARTURE DECLARATION FORM
(Promulgated in accompaniment with Decision No .... 2006/QD-BTC on .. ..../ .../2006)

FOR THE MINISTER OF FINANCE
DEPUTY MINISTER

Truong Chi Trung

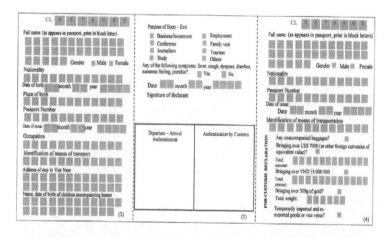

注：根据越南最新的规定，从2010年9月起，旅客在越南国际机场口岸办理出入境手续时，不再需要填写出入境申报单，而其他口岸也将在配备护照机读设备并且联网后取消出入境申报单手续。携带超过标准的外币、黄金、宝石、行李以及暂时进口、暂时出口、托运行李仍需要向海关申报。越南海关或边防部队将向国际航空公司、国际旅游公司提前发放出入境申报单，需要申报的旅客可在抵达口岸之前进行填写。

第五章
投资指南

本章导读

☆越南劳动力资源丰富，基础设施日益改善，具有较强的
竞争力。近年来，外国资本在越投向最多的三大领域是
房地产业、加工制造业以及水电和天然气生产销售业。
然而，房地产价格持续高位运行，导致外国投资发生
微妙的变化：2011年第一季度越南加工、制造领域吸引
的FDI投资为15.5亿美元，占越南FDI总额的65.4%。另
外，越南即将实施的限制外资介入矿产资源领域的政策
提高了矿产投资的门槛。

第一节 投资环境

越南良好的自然资源环境和日益改善的政府投资政策，特别是越南经济的迅速发展，为投资者提供了更加透明有序的投资环境。中国和越南比邻，公路、铁路和海上交通都比较便捷，而且两国有着共同的文化基础，相似的经济发展模式，这些使得我们更容易了解越南的经济政策和法规，从而更好地适应当地的投资环境。

一、劳动力资源与薪酬

越南劳动力资源丰富，且具有较强的竞争力。根据2009年4月人口普查数据，越南全国总人口为8,600多万，15岁以上的劳动力共有4,344万人。其中农林渔业就业人数为2,419万人，占55.7%；工业和建筑业就业人数为829万人，占19.08%；服务业就业人数1,096万人，占25.22%。

按工资水平高低，可将越南划分为四类地区。2010年，越南政府决定调高各类地区企业员工（含国内和外资企业）的最低工资标准，提高幅度为每月10万～37万盾。一类地区（河内市和胡志明市）最低工资上调21万～37万盾/月不等，二类地区上调16万～32万盾/月不等，三类地区上调13万～24万盾/月不等，四类地区上调10万盾/月不等。调整后，外商投资企业最低工资标准最高的为155万盾/月，最低为110万盾/月。国内企业最低工资标准约83万～135万盾/月。新的最低工资标准根据不同地区类别分别从2011年1月1日和7月1日起实施。

二、交通条件

铁路：越南铁路总里程约2,530公里，以米轨为主（2,128公里，占总长84.18%），全国共有7条干线，贯穿南北的河内至胡志明市的铁路线全长1,730公里。此外，越南和中国有两条国际联运线路，即河内—同登—凭祥—北京铁路，河内—老街—河口—昆明铁路。

公路：公路运输是越南主要的运输方式，总里程约21万公里。其中，1号国道从中越边境的零公里处起，经河内、顺化、岘港、芽庄、胡志明市直至越南最南端的金瓯市，全长2,247公里。其1号支线可经过柬越边境的柴桢，直达柬埔寨首都金边。5号国道从河内抵达海防，是目前越南运输最繁忙、路况最好的公路干线。7号国道则接入老挝境内，可达川圹、琅勃拉邦等地。

港口：越南河道纵横交错，内河运输较为发达。全国有23个主要的内河装卸码头和若干小码头，年吞吐量约700万吨。由于越南海岸线漫长，沿海港口也较为发达，胡志明市、海防、头顿和岘港是越南的四大国际贸易港口。越南最大的航运公司是越南远洋轮船公司（Vosco）。越南现有海港的货物吞吐能力为1亿吨，实际装运量超过1.4亿吨。估计10年内货物进出港数量将以年均10%~12%的速度递增。

航空：越南航空总公司的航线覆盖26个国外城市和16个国内城市。目前已有20个国家和地区的20多家航空公司开辟了飞往越南的定期航班。其中，河内内排国际机场、岘港机场以及胡志明市新山一国际机场是越南的三大国际机场。河内至岘港、顺化、归仁、波莱古、芽庄等城市均有航班。中国北京、广州、上海、南宁、昆明、香港等城市已有飞往越南的定期航班，中国的南航、东航、上航、国泰航空和越南的越航等公司都为上述航班提供航线服务。

三、电力供应

目前，越南的输电系统共有550千伏、200千伏和110千伏3种，电网覆盖全国96%的县和76%的村。根据越南工贸部2010年2月发布的电价方案，越南的平均电价为1,058盾/度。其中，生活用电平均价格为1,112盾/度（50度以下的生活用电售价仅600盾/度），生产用电平均价格为1,009盾/度，行政机关和事业单位平均电价为1,160盾/度，企业平均电价为1,919盾/度。新的电价方案对原有电价进行了调整，生活用电平均增幅为6.8%，生产行业的平均增幅为6.3%。

不同类别、时点的具体电价如下表。

表5-1 2010年越南工业区批发电价

110/35-22-10-6kV变压站的变压器的总功率	平峰时间（盾）	低峰时间（盾）	高峰时间（盾）
100MVA以上	875	483	1,714
50MVA至100MVA	871	479	1,706
50MVA以下	859	473	1,686

表5-2 2010年越南商业用电零售价

电压等级	平峰时间（盾）	低峰时间（盾）	高峰时间（盾）
22kV以上	1,648	902	2,943
6kV至22kV	1,766	1,037	3,028
6kV以下	1,846	1,065	3,193

表5-3　2010年越南生产用电零售价

电压等级	平峰时间（盾）	低峰时间（盾）	高峰时间（盾）
110kV以上	898	496	1,758
22kV至110kV	935	518	1,825
6kV至22kV	986	556	1,885
6kV以下	1,023	589	1,938

注：1. 以上电价不含增值税，2010年3月1日起实施。

2. 用电平峰时间：周一至周六每天从4时至9时30分、11时30分至17时及20时至22时；周日每天从4时至22时。

用电高峰时间：周一至周六每天从9时30分至11时30分及17时、20时。

用电低峰时间：每天从22时至翌日4时。

此外，越南还在筹划修建位于南部宁顺省的核电厂，总功率为4,000MW，第一号机组计划于2020年投入运行。核电厂将对越南电力的长期发展产生重大影响，应该引起我国在越南投资电力项目的有关企业的高度重视。

四、金融环境

越南货币是越南盾，不得自由兑换。越南实行有管理的浮动汇率制度，越南国家银行依据前一日银行间市场越南盾对美元平均汇率发布当日银行间市场汇率。商业银行的报价不得超过越南国家银行规定的汇率浮动空间。

根据越南政府公布的数据，2010年12月，越南的通胀水平达到11.75%，是2009年2月以来的最高增幅，2010年贸易赤字额达到132.35亿美元。这些因素对越南盾造成了冲击，迫使越南当局在2010年数次宣布越南盾贬值。国际评级机构穆迪公司在2010年12月把越南的主权债务评级调低，标准普尔公司和惠誉国际评级公司也分别于2010年11月和7月下调了越南本币和外币的评级。越南央行2010年12月29日表示，越南将会在2011年采取更灵活的汇率体制，同时利用货币政策来抑制通货膨胀，表明可能会进一步上调利率，并再次使越南盾贬值。

第二节　投资优惠政策

为了加大吸引外资力度，越南政府先后颁布了有关外商投资的一系列优惠政策，其内容和范围主要大致如下。

一、特别投资优惠领域

（一）新材料、新能源、高科技、生物技术、信息技术、机械制造等领域

1. 合成材料、轻质建材、稀有材料生产企业；

2. 高级钢、合金、有色金属、特种金属、钢胚生产企业；

3. 投资建设以太阳能、风能、沼气、地热、海潮为能源的设施；

4. 医疗分析、提纯设备、整形用具、残疾人专用车辆和用具生产企业；

5. 运用先进技术、生物技术生产符合GMP标准的药品，抗生素原料生产企业；

6. 计算机，通信、因特网设备，重点信息技术产品生产企业；

7. 生产半导体和高科技电子零件，生产软件产品和数字信息服务，软件服务、信息技术研究和信息技术人力资源

培训；

8. 投资、生产精密机器设备，工业生产安全检查机器设备，工业机器人。

（二）农林水产的种植和养殖、制盐、人工育苗育种、培育新苗新种

9. 植林、护林；

10. 在未开发的荒地、水域上种植、养殖农林水产；

11. 在远离海岸的海区捕捞海产；

12. 生产经济效益高的人工种苗和新种苗；

13. 生产、开采、精制盐。

（三）高科技、现代技术应用，生态环境保护，高科技研发与孵化

14. 应用在越南未得到使用的高科技、新技术；应用生物技术；

15. 污染处理与环境保护，生产环境污染处理设备和环境观测、分析设备；

16. 气体、液体、固体废弃物的收集与处理，废弃物的再加工与再利用；

17. 高科技研发与孵化。

（四）使用大量劳动力

18. 经常使用5,000名劳动者以上的项目。

（五）建设、发展基建项目和重要项目

19. 投资建设、经营工业区、出口加工区、高科技园、经济区和政府总理批准的重要项目的基础设施。

（六）发展教育、培养、医疗、体育事业

二、投资优惠领域

（一）生产新材料、新能源，生产高科技产品和生物技术产品、信息技术产品，制造机械

1. 生产隔音、隔热、绝缘材料，生产替代木材的人造合成材料、耐火材料，工程塑料，玻璃纤维，特种水泥；

2. 生产有色金属、炼钢；

3. 生产金属、非金属产品模具；

4. 投资新建电厂、配电站、输电线路；

5. 生产医疗设备，建设药品保管仓库；

6. 生产食品有毒物质检验设备；

7. 发展石化工业；

8. 生产焦煤、活性煤；

9. 生产植物保护药品和除虫剂，治疗、预防动物、水产疾病的药品，兽药；

10. 药品原料、社会疾病防治药品、疫苗、中药等；

11. 投资建设生物试验室和药品可靠性评估室，高质量的药品生产、保管、临床实验检验室，种植、收获和加工药材；

12. 生产电子产品；

13. 生产油气、矿产、能源、水泥开采领域的设备和成套零件，生产大型升降设备，生产金属加工设备和冶金设备；

14. 投资生产中压、高压设备和大型发电机；

15. 投资生产柴油发电机；投资生产、维修、制造轮船，运输船和渔船的附件；生产动力、液压设备和零件，以及压力设备；

16. 生产建筑设备、车辆，运输业的技术设备，火车头、火车车厢；

17. 投资生产农林业机器设备、配件，食品加工设备，灌溉设备；

18. 投资生产纺织、制衣、皮鞋设备。

（二）农林水产的种植和养殖、制盐、人工育苗育种、培育新苗新种

19. 种植药材；

20. 投资保管收获后的农产品，保管农产品和水产品、食品；

21. 生产罐装、瓶装果汁；

22. 生产、精加工家禽、家畜饲料和水产；

23. 经济作物和林业作物种植技术服务；

24. 生产、嫁接、培育植物和动物。

（三）高科技、现代技术应用，生态环境保护，高科技研发与孵化

25. 生产漏油应对、处理设备；

26. 生产废弃物处理设备；

27. 投资建设技术设施，新技术转化试验室、试验站，投资成立研究院。

（四）使用大量劳动力

28. 经常使用500名劳动者以上的项目。

（五）建设、发展基建项目

29. 建设合作社生产、经营基础设施，农村公共服务基础设施；

30. 在工业区、工业点、农村手工艺群投资经营基础设施、投资生产；

31. 建设水厂，生活、工业供水系统，投资建设排水系统；

32. 建设和改造桥梁、公路、机场、港口、车站、停车场，新建铁路线路；

33. 在指定地区建设集中居民区的技术基础设施。

（六）发展教育、培养、医疗、体育事业

（七）其他领域

34. 在指定地区提供因特网接入、应用服务和公共电话接入服务；

35. 发展公共运输，包括：海轮、飞机运输，铁路运输，用24座以上汽车开展公路客运，现代、高速的内河客运工具，集装箱运输；

36. 投资将生产厂房搬出市区；

37. 投资建设一类市场、展览馆；

38. 生产儿童玩具；

39. 为人民信用基金集资、贷款的活动；

40. 法律咨询，知识产权和技术转让咨询服务；

41. 生产各类农药原料；

42. 生产基本化学品、精制化学品、专用化学品，染料；

43. 生产化工洗涤剂、添加物的原料；

44. 直接利用越南农林水产原料生产鞋、封面、人造板；生产纸浆；

45. 织布，完善纺织产品；生产各类丝、线；皮鞋初加工；

46. 在政府总理批准成立的工业区内的投资生产项目。

第三节　鼓励投资的地区和行业

一、鼓励投资地区

表5-4　越南政府鼓励外商进入的地区

序号	省/直辖市	A类：经济社会条件特别困难地区	B类：经济社会条件困难地区
1	北件	各县、地级市	
2	高平	各县、地级市	
3	河江	各县、地级市	
4	莱州	各县、地级市	
5	山罗	各县、地级市	
6	奠边	各县、奠边市	
7	老街	各县	老街市
8	宣光	那杭、占化县	咸安、山阳、安山县和宣光市
9	北江	山洞县	陆岸、陆南、安世、协和县
10	和平	沱北、枚州县	金杯、奇山、梁山、乐水、新乐、高峰、乐山、安水县
11	谅山	平嘉、亭立、高禄、禄平、长亭、文朗、文关县	北山、支棱、右陇县
12	富寿	青山、安立县	端雄、夏和、扶宁、洮江、青波、三农、青水县

续表

序号	省/直辖市	A类：经济社会条件特别困难地区	B类：经济社会条件困难地区
13	太原	武崖、定化县	大慈、普安、富良、富平、同喜县
14	安沛	陆安、姆庚寨、站奏县	镇安、文振、文安、安平县、义路市
15	广宁	巴节、平辽县、姑苏岛县、省辖岛屿和海岛	云屯县
16	海防	白龙尾岛县、吉海县	
17	河南		里仁、清廉县
18	南定		胶水、春长、海后、义兴县
19	太平		太瑞、前海县
20	宁平		儒关、嘉远、金山、三叠、安模县
21	清化	孟辣、关化、巴托、琅政、常春、锦水、玉乐、如青、如春县	石城、农贡县
22	义安	祈山、襄阳、冠桃、桂峰、葵合、葵州、英山县	新祈、义坛、青漳县
23	河静	香溪、香山、武光县	德寿、奇英、宜春、石河、锦川、甘禄县
24	广平	宣化、明化、布泽县	其他县
25	广治	向化县	其他县
26	承天–顺化	阿雷、南东县	丰田、广田、香茶、富禄、富旺县
27	岘港	岛县	

续表

序号	省/直辖市	A类： 经济社会条件特别困难地区	B类： 经济社会条件困难地区
28	广南	东江、西江、南江、福山、北茶眉、南茶眉、协德、先福、成山、占岛县	大禄、维川县
29	广义	巴德、茶蓬、山西、山河、明隆、平山、西茶和李山岛县	义行、山静县
30	平定	安老、永盛、云耕、符吉、西山县	怀恩、符美县
31	富安	馨江、同春、山和、富和县	裒江、绥和、绥安县
32	庆和	庆山、庆永县和省辖岛屿	万宁、延庆、宁和县、金兰市
33	宁顺	各县	
34	平顺	富贵岛县	北平、绥丰、德灵、性灵、咸顺北、咸顺南县
35	多乐	各县	
36	嘉莱	各县、市	
37	昆嵩	各县、市	
38	达农	各县	
39	林同	各县	宝禄市
40	巴地—头顿	昆岛县	新城县
41	西宁	新边、新州、州城、边求县	其他县

续表

序号	省/直辖市	A类：经济社会条件特别困难地区	B类：经济社会条件困难地区
42	平福	禄宁、布登、布多县	同富、平隆、福隆、真城县
43	隆安		德惠、木化、新盛、德和、永兴、新兴县
44	前江	新福县	鹅贡东、鹅贡西县
45	槟知	盛富、巴支、平大县	其他县
46	茶荣	州城、茶句县	横桥、苟格、小芹县
47	同塔	鸿御、新鸿、三农、塔梅县	其他县
48	永隆		茶温县
49	朔庄	各县	朔庄市
50	后江	各县	渭清市
51	安江	安富、知尊、话山、新州、靖边县	其他县
52	薄寮	各县	薄寮市
53	金瓯	各县	金瓯市
54	坚江	各县、省辖岛屿和海岛	河仙市、迪石市
55	其他地区	政府总理批准成立的享受优惠政策的高科技园、经济区	政府总理批准成立的工业区

二、鼓励投资的重点行业

（一）矿产投资领域

越南矿产资源丰富，矿产需求增长强劲。目前，越南共有5,000多个矿区，开采矿产60多种、采矿企业有1,500多家，大多数为小企业，技术设备落后，矿产开采效率不高，因此矿产是一个较具吸引力的投资领域。

为了加强矿产开采的管理，提高矿产开采效率，越南政府于2010年11月制定了新的《矿产法》，从2011年7月1日起实施。越南工贸部表示，今后矿产勘探开采将主要由国有大型企业实施，一般不让外资介入，特殊情况除外，如油气、铝土矿和红河平原的煤矿在初期需外方的技术、资金和市场，可在矿产加工和其他下游生产环节与外方合作。越南财政部也表示，越南将大幅调高矿产资源税，并提高矿石出口税。根据新的税率表，在金属矿类中，金矿与稀土矿的资源税税率最高达15%，其次是铝和钒土矿税率为12%，第三是锰矿和钛矿税率为11%。其余矿产如铜、镍、汞、镁、银、锡、铅、锌、钨等矿种的资源税税率为10%。而铁、锰、钛、银、锡、钨、铅、锌、铝等矿种的现行资源税税率只有7%。

随着越南政府不断加强矿产管理，矿产投资的法律环境将更加透明，矿业活动将更加有序。但另一方面，也要注意到，越南的矿业政策变化比较快，特别是即将实施的限制外资介入矿产资源领域的政策提高了矿产投资的门槛。因此，在越南投资矿产，必须避免单一的矿产开采或简单加工项目，应不断提高矿产投资的技术含量，通过合资等方式与越方合作，掌握矿产投资的主动权。

（二）电力投资领域

越南现有高压电网全长1.3万多公里，其中500千伏电网全长1,531公里，220千伏电网全长3,839公里，110千伏电网全长7,703公里。全国变电站总功率为2,370.9万千瓦，其中500千伏变电站功率为423.1万千瓦，220千伏变电站功率为847.4万千瓦，110千伏变电站功率为1,100.4万千瓦。随着越南经济的快速发展，电力需求也大大增加，年均增长达13.4%，估计2020—2050年需求增长将由24%增至42%。

越南电力集团预计，2011年将提供商品电力总产量约达985.3亿千瓦时，同比增加15.11%。越南电力集团力争在2011年生产与购买1,126亿千瓦时（同比增加15.8%），其中越南电力集团自产约达481亿千瓦时，外购645亿千瓦时。

目前，中国企业在越南电力市场有较强竞争力，约占50%的份额，已经或正在实施的电力项目包括海防一期和二期项目、锦普一期和二期项目、广宁一期和二期项目、山洞电站项目等。越南政府2010年9月表示，为了确保能源安全，越南决定未来5年内继续从中国购买电力。除了希望从中国购买电力之外，越南电力公司还将与地区内其他国家谈判，争取获得更多供电渠道。

越南政府计划，到2030年核电成为主要能源来源之一。越南总理已经批准了《2030年越南核电发展指导规划》，计划在宁顺、平定、富安、河静、广义5省建设8座核电站，每座核电站可安装4至6台核电机组，到2025年越南核电总功率将达8,000兆瓦，2030年将增至1.5万兆瓦，占越南发电总功率的10%。规划还指出，越南发展核电的做法是逐步建设与发展核电，确保核电站安全有效运行。

而对于风能、太阳能等新能源，越南政府虽然持鼓励和肯定态度，但是受制于技术资金等限制，推广速度并不快。目前越南已安装了超过800千瓦的太阳能光伏系统，它们用于小型家用系统、电信、医院和学校的发电。这些设备大多数安装在越南南部省份，主要是因为越南南部靠近赤道，光照条件较好，太阳的辐射量较高。

（三）旅游投资领域

越南旅游资源丰富，5处风景名胜被联合国教科文组织列为世界文化和自然遗产，主要旅游景点有：河内市的还剑湖、胡志明陵墓、文庙、巴亭广场，胡志明市的统一宫、芽龙港口、莲潭公园、古芝地道，以及广宁省的下龙湾等。越南的旅游市场潜力巨大，2009年国际游客数量约为390万人次；2010年国际游客数量则首次突破500万人次大关，较2009年增长34.8%，并且超过年度目标20%。

在政策上，越南政府鼓励外国投资者投资旅游业。2005年《旅游法》规定，国家制定动员一切资源、增加旅游发展投资的政策，使旅游业成为越南经济的领头羊。对越南和国外的组织、个人提供土地、金融、信用等领域的鼓励和优惠政策，具体包括：

1. 保护、改善旅游资源和旅游环境；

2. 宣传、推介旅游；

3. 培训、发展旅游人力资源；

4. 研究、投资、开拓新的旅游产品；

5. 旅游现代化；

6. 修建旅游基础设施，进口运输游客的高级运输工具，高级旅游住宿区和国家旅游区的现代化专用设备；

7. 在具备旅游潜力的边远地区、社会经济条件落后地区发展旅游业，使用当地的劳动力、商品和服务，促进当地人民精神、物质生活水平的提高。

从1995年以来，越南旅游业已吸引了总额225亿美元共302个外资项目。特别是2009年，在国际金融危机的不利背景下，酒店、餐饮等旅游服务领域仍吸引外资达88亿美元，占当年越南吸引外资总额的41.7%。2010年9月29日，在胡志明市举行的"东盟旅游投资——机遇与挑战"为主题的东盟旅游投资论坛上，越南文化体育和旅游部部长黄俊英表示，越南政府愿意为在越南发展旅游业的国际和国内投资商给予大力支持和创造便利条件。

（四）零售及服务业投资领域

2009年，越南商品和服务零售额达1,197.5万亿盾，同比增长18.6%。2010年，越南商品零售和服务收入总额达1,561.6万亿盾，同比增长24.5%。剔除价格因素，实际增长幅度约为13%。越南工贸部预测，2011年越南商品零售及服务收入总额将增长25%。目前，越南零售业每年为GDP贡献15%，同时为全社会劳动力的10%，约540万名劳动者提供稳定的就业机会。

均富国际会计师事务所2010年第四季度的调查结果表明，70%的投资商认为越南零售市场是具有良好前景和具有吸引力的投资领域（排在教育、房地产和卫生之前）。据尼尔森市场研究公司的最新调查，80%以上的生产厂家深信他们的业务将在未来6至12个月内达到两位数的增长率。越南零售市场将继续活跃发展并在今后保持年均20%～25%的增长率。

根据越南加入WTO的承诺，越南已开放分销市场，允许外国投资者设立独资企业，从事商品批发、零售、佣金代理等业务，已有10余家外商投资企业在越南设立超市、商业中心等现代零售业态。德国的麦德龙、法国的BIGC、韩国的乐天、马来西亚的百盛等企业在越南加入WTO前就已进驻越南市场。

（五）证券投资领域

越南证券市场建立较晚，规模较小。目前，越南共有两家证券交易所，一家是2000年7月28日开业的胡志明市证券交易所（主板），另一家是2005年3月8日开业的河内证券交易所（中小板）。

根据越南加入WTO和中国—东盟自贸区有关承诺，中国证券企业可在越设立办事处或成立占股比例不超过49%的合资证券服务企业。到2012年，中国证券企业可在越设立独资证券服务企业或分支机构。根据规定，中国证券企业可提供以下服务：在交易市场、公开市场或其他场所自营或代客交易；可参与各类证券的发行，包括作为证券包销或处置代理人提供的相关服务；可开展资产管理，如现金、有价证券、养老基金管理等；可进行金融资产结算和清算；可提供和传输其他证券服务提供者提供的金融信息、金融数据和软件；可提供与证券有关的其他辅助服务。

1. 外国投资人开户流程

个人投资者需要提交的申请文件包括个人交易账号申请单、个人简历和护照复印件各一份，个人简历需经过公证。

法人（公司）投资者需要提交的申请文件包括外国法人投资者交易账号申请单、法人投资者资料、法人授权代表人个人资料、法人成立文件复印件、法人董监事授权代表人代表公司交易的决议书各一份。除申请单外，其他材料都必须经过政府验证及公证。

投资基金需要另外提供投资基金章程（副本一份）、基金管理公司的章程（副本一份）和近2年的财务报告。

中国公民申请交易账号的程序如下：

（1）将上述资料翻译成英文，并到县、市公证处验证及公证；

（2）将上述资料送到我国外交部领事司授权机构验证签字属实，再送往越南驻中国领事馆领事司证实；

（3）将证实后的资料邮寄到越南一家证券公司，由该公司将资料送往越南公证处翻译成越文并公证；

（4）公证完成后再送往证券交易所审核，如无误，交易所将在2至5天后确认交易账号。手续费为25美元。

除申请交易账号外，投资者还应到具有外汇买卖资质的商业银行（越南当地银行或国外银行驻越南分行）开立外汇储蓄账户及越南盾储蓄账户，这可以让证券公司代办。客户的外汇先汇入外汇储蓄账户，再兑成越南盾并存入越南盾储蓄账户。

在交易账户和储蓄账户办好后，投资者就可以到证券公司申请开立证券交易账户。申请资料有：个人和法人开户申请一份；个人和法人的代表人签名式样和开户合约（两份）。完成这些手续就可以下单买卖证券了。当地证券公司会以电话通知客户，并以传真和电邮的方式将当天的交易结果记录寄给客户。

2. 外资相关规定

根据越南央行2004年12月的规定，外国投资者投资越南股市均以越南盾买卖股票，汇进及汇出的资金须有合法的来源。

投资上市股票，不需再开任何银行账户，只需直接汇款到西贡证券指定的银行账户即可。投资未上市股票的，若想参加IPO（公开发行）或OTC（场外交易）市场，投资者不需要申请交易账号，只需在一家具备资质的银行开立个人投资越南未上市股票的银行专用账户，并委托该银行向越南央行登记即可。

越南政府2009年4月规定，凡在越南证券市场投资买卖证券的外国投资者，其持有上市公司股权的比例最多不超过49%，越南金融法律或政府文件另有规定的除外。

第四节　对外商企业的有关规定

一、投资设厂

外国投资者在越南投资审批流程

1. 准备阶段

（1）考察、研究越南的投资环境，包括原材料供应和基础设施，评估拟生产产品的市场前景，考虑是否到越南投资，如果投资，投资地点应选在北部、中部还是南部？是否应选在工业区内？

（2）研究并决定投资方式

在越南投资，可以选择一般投资方式和特别投资方式。

一般投资方式包括：

① 在合同基础上进行合作经营，即外国投资者先与越方讨论、签署合同，并送有关部门核准后，双方即可以合作经营，不必设立新公司。

②合资企业（即联营企业）。

③百分之百的外商投资企业（即外商独资企业）。

特别投资方式包括：

① 建设—经营—转让合同（BOT）、建设—转让—经营合同（BTO）、建设—转让合同（BT）。

②工业区（出口加工区或高科技区）。

（3）寻找合作对象，整理投资所需的相关文件

—— 若为外商独资企业，需和省市人民委员会或工业区管理委员会洽谈，寻找、租赁合适的土地，再按计划投资部所设定的标准格式准备好申请投资所需的相关文件。

—— 若为合作联营企业，需寻找越方合作对象，经讨论协商合作条件后，签署合作备忘录及合同。

（4）投资许可证

投资许可证分为两类，登记签发投资许可证和审核签发投资许可证。

—— 登记签发投资许可证。投资项目应具备的条件为：产品全部外销；在工业区投资，并符合计划投资部有关产品外销的规定；从事制造业，投资额500万美元以下，产品外销80%以上。应准备许可证申请登记表、联营合同及联营企业章程，或独资企业章程，或合作经营合同，以上资料准备5份，其中正本1份，呈送投资许可证签发机关。自收齐符合规定的文件之日起15天内，有关职能机构签发投资许可证并通知企业领取。

—— 审核签发投资许可证。应准备签发投资申请书、联营合同及联营企业章程或独资企业章程、或合作经营合同，经济技术可行性研究报告，联营各方、参加合作经营合同各方、外国投资者的法律资质、财务状况等文件，有关工艺设备情况。

2．申请阶段

将投资申请文件呈送投资许可证签发机关，A级投资项目呈送计划投资部，B级投资项目呈送经获得越南政府授权的各省市人民委员会或各省市工业区、加工区管理委员会。

A类投资项目由政府总理决定，包括：

—— 工业区、出口加工区、高科技园区、都市区等投资基础设施开发项目；BOT、BTO、BT等投资项目；海港、机场的建设与经营；海运、空运的经营；石油、天然气类的经营；邮政、电信服务；文化、出版、新闻；广播、电视；医院医疗部门；教育、培训；科学研究；医药及药品生产；保险、财政、金融、审计、鉴定；稀有资源勘探、开采；商品住宅建设与销售；属国防、安全等领域的投资项目；

—— 投资额4,000万美元以上，从事电力、矿物开采、冶金、水泥、机器制造、化学品、饭店、公寓出租、休闲娱乐、观光旅游区等投资项目。

B类投资项目（上述A类以外的投资项目）由计划投资部或政府授权的省级人民委员会或计划投资部授权的工业区管理委员会核发投资许可证。

审核期限：

A类投资项目，自收齐符合规定的文件之日起30个工作日内，计划投资部将审核意见报送政府总理。自收到呈报之日起10个工作日内，政府总理做出对投资项目的决定。自收到政府总理的决定之日起5个工作日内，计划投资部通知投资企业对该投资项目的决定（共45工作日）。

B类投资项目，自收齐符合规定的文件之日起30个工作日内，计划投资部完成对投资项目许可证的审核与发放工作。由各省市人民委员会发照的投资项目，自收齐符合规定的文件之日起30天内，各省市人民委员会完成对投资项目许可证的审核与发放工作。

3. 执行阶段运营：建厂、投产

（1）设立条件

①最低注册资本

越南对外商投资企业的投资总额和注册资本都没有限制，但要求法定资本不少于投资额的30%。对于属于鼓励领域和金额较大的投资项目，法定资本可降低至投资额的20%。但在实际操作中，小于10万美金的项目一般得不到当地政府的批准。

②出资时间与方式

独资工厂或公司的资本到位时间一般为半年至一年半，

根据需要最多可向政府申请推迟半年。外国投资者可以机器设备、现金及专有技术等方式出资。

（2）设立方式

可采用以下三种方式开办工厂或设立公司：以国外公司、个人名义直接设立；透过一家控股公司间接设立；通过两家控股公司间接设立。

目前大多数外国投资者都采用控股的方式在越南投资。控股公司的优势有二：一是可无限期将盈余保留在国外，以便日后往海外转移投资；二是承担有限责任，可避免母公司的海外法律诉讼、债务限制甚至民事刑事责任的无限扩大。

（3）设立流程

①设立境外控股公司；

②收集控股公司文件；

③公司文件的翻译及公证；

④公司名称预查；

⑤公司章程及申请书；

⑥职能机关审批；

⑦投资许可证颁发；

⑧报刊登载公告；

⑨董事会会议、公安登记、公章、银行开户；

⑩税务登记、海关编码登记、消防/环保登记。

二、相关赋税

（一）企业所得税

越南于2008年6月3日通过《越南企业所得税税法实施细则修订案》，规定自2009年起，企业所得税将由目前28%调降至25%。

对于国家特别鼓励的项目、特困地区的项目、出口加工区的项目及在工业区内从事出口加工的项目，税率为10%，且从盈利的年度起享受4年免税和随后7至9年不等的减税优惠，经批准可获得8年免征，从项目投入生产经营时算起优惠税率期限为15年。对于国家鼓励投资且在贫困地区的项目、出口加工区内的服务性企业、在工业区内的生产企业，企业运行期满时，将其财产无偿转让给越南政府的可享受15%的优惠税率，且根据项目的具体情况从盈利的年度起享受2至3年不等的免税和随后6至9年不等的减半收税优惠，从项目投入生产经营时算起优惠税率期限为12年。对于贫困地区（视项目的就业人数）和工业区内投资的服务性企业项目可享受20%的优惠税率，从盈利的年度起获2年免税和随后2至6年减半收税优惠，从项目投入生产经营时算起优惠税率期限为10年。对于高新技术开发区投资的项目，可在整个项目运行期间享受10%的优惠税率，并获4年免税和随后9年减半收税的优惠。

（二）增值税

增值税（VAT）：按产品和服务在生产、流通和销售过程中所创造的附加价值的一定百分比对企业所征的税。

出口产品采用零税率。自来水、化肥、杀虫药、药类、教育培训所用的设备及工具、儿童玩具、科学与艺术书类、自然农林产品、饲料、科技应用与农业服务等重要的商品和服务征收5%的税率。其他大部分的产品和服务征收10%的税率。

（三）进口/出口税

外国投资项目将会减免其所用进出口的商品来创造固定资本。设备、机器、所有投入生产的原料和零件以及服务于生产出口的产品所进口的其他原料都将会获得免征进口税。

（四）个人所得税

外国人在越南境内和境外的收入（不包括不在越南的时间）都要上缴个人所得税。对于在越南生活183天以下的外国人要上缴其总收入的固定税额20%。对于在越南生活183天以上的外国人（下面简称为在越南居住的外国人）要上缴其每个月总收入的累计税比率如下表。

表5-5 在越居住的外国人月收入累计税率

税级	年收入（百万盾）	月收入（百万盾）	税率（%）
1	60以下	5以下	5
2	60～120	5～10	10
3	120～216	10～18	15
4	216～384	18～32	20
5	384～624	32～52	25
6	624～960	52～80	30
7	960以上	80以上	35

三、土地租赁

外国投资者在越南设立独资企业，可通过租地（自建厂房）、租赁厂房两种方式获得土地使用权，不能直接买卖土地。土地租赁时间要与获准的投资项目时间相一致。土地租赁时间不许超过50年，特别情况下不得超过70年。土地租赁到期时，政府可以批准延长租赁时间。如果租方想继续使用土地，则必须在土地使用的过程中严格遵守关于土地的法律规定；土地的实际用途与获准的土地使用计划相一致。外国投资者可根据《土地法》和相关法规，将地上物及土地使用权向越南金融机构抵押融资。

依据现行《土地法》，政府出租的土地租金有年度结算和一次性结算两种方式。对于年度结算方式，外国投资者的权利与旧《土地法》的规定基本一致。除了年度结算中所规定的土地使用权之外，一次性结算的外国投资者将会享有以下权利：土地使用转让权和土地附带的财产的使用权；重新出租土地权和土地附带财产；以土地使用权和土地附带财产作为合资资金。

四、机器设备

投资生产型企业的外国投资者，可以设备、技术等作价投资，无比例限制，也可透过进口和租赁方式获得机器设备。

（一）机器设备进口

外商投资企业进口的机器设备质量，应符合经济技术报告、技术设计中的生产、环保、劳动安全标准，并符合机器设备进口的规定。进口二手机器设备须保持在八成新以上。

机器设备进口或安装前需检验其价值与质量（投标购买的机器设备除外）。若检验价值低于申报价值，越南海关按检验结果重新调整设备价格。海关口岸依据获批的进口计划准予机器设备进口，不用出具检验证明书。

进口机器设备的检验机构为经批准在越南活动的检验公司、具有检验职能的越南国家机构或在进口前从事机器设备检验的国外检验公司。

（二）机器设备的租赁

对设备资金过大或技术出资过高的投资项目，外商投资企业可租用国内外机器设备，但须按下列规定办理：

1. 在生产期限内，只得租赁经济技术报告中工艺生产线缺少的机器设备及其附属模具、配件。

2. 租用期结束时，应将租赁的国外机器设备运出越南。外商投资企业依法代出租方纳税。机器设备租赁费核算入生产经营经费中，但不得办理财产折旧（租用设备价值不计入企业资产价值）。

五、外汇使用

越南外商投资企业可拥有交易和通过其他合法方式取得的外汇，可在获许的越南银行开设和使用外汇账户。在越南居住12个月以上的外国个人投资者也可拥有从国外汇入，或入境时携入且经海关确认的外汇，以及在越南合法取得的外汇；可在获许的越南银行开设和使用外汇账户；可存入外汇，获得外汇存款利息，并有权提取全部外汇存款本息。外商投资企业和个人使用外汇的范围包括：

1. 支付国外货款和服务费用；

2. 支付国内获许收取外汇的机构和个人的货款及服务的费用；

3. 偿还国内和国外的外汇借款；

4. 卖给获准从事外汇活动的金融机构；

5. 投资外汇有价证券；

6. 用于项目投资或将外汇汇出国外；

7. 以外汇现金和转账支付公司成员出国工作的费用，支付外籍员工的薪金、奖金、津贴。

六、注册商标

自然人或者法人可直接向越南国家知识产权局提出申请。按照尼斯协定，商品分为45类。商标专用权的有效期为10年，从申请之日起计算，在期满前6个月申请续展注册，每次续展注册的有效期为10年。

注册商标必须使用。如果注册后连续5年未使用，有可能会被撤销。

商标申请或注册商标均可转让。注册商标的转让在登记后方具有法律效力。商标申请的转让只有在注册后才能登记。只有注册商标才能许可使用。许可使用合同必须登记。

申请资料包括：

1. 法人申请的，《营业执照》或有效注册证明复印件1份；自然人申请的，个人身份证明文件1份。

2. 申请人签署的经公证的授权书一份（申请时可先递交复印件，3个月内提交原件）。

3. 商标的描述：商标含义，非英文单词的英文翻译或者音译。

4. 申请人的名字、地址。

5. 商标图样。

6. 需要保护的类别和商品/服务名称。

7. 优先权声明（如需要）。

程序和时间：

（1）越南国家知识产权局收到注册商标申请后，进行形式审查（3个月左右）。向合格者发出注册受理通知书，并告知申请号和申请日期，向不合格者发出驳回通知书，要求补充或者更正。

（2）形式审查结束后，进入实质审查阶段（9个月左右），审查商标是否具有显著性以及是否属于禁止注册的情况。获得通过的，颁发注册证，并登报公布；未获通过的，则先发出准备驳回的通知，给申请人2个月的时间做出答复或修改申请（比如缩小商品范围）。如仍不能通过，则发出驳回通知书，申请人可以在3个月内对此向国家知识产权局提出上诉，再之后可以向法院提出上诉。

注册过程顺利的话，大约需要12个月。

七、对外商企业利润转出的最新规定

为防止外商投资企业伪报经营亏损而变相将经营利润转给境外母公司，越南财政部于2010年11月发布了关于外国组织、个人在越南直接投资所得利润转出越南的指导通知，共有6个条款，主要内容如下：

第二条对"利润转出境外"加以规定。利润是指按照《投资法》在越南开展直接投资所获得的合法利润，应按规定纳税。允许外商以货币或实物方式将利润转出境外。以货币转出的，应遵守越南的外汇管理法律规定；以实物转出的，应遵守越南货物进出口法律及其他相关法律，按其规定折算实物价值。

第三条对"确定可转出境外的利润数量"加以规定，指出，每年可转出境外的利润数量等于外国投资者在直接投资活动的财务年度中所获得的利润（根据外国投资者所投资企业的经审计的财务报告和企业所得税决算单来确定），加上其他利润，如上一年份未转移完的利润，减去外国投资者用于或承诺用于再投资生产的资金，外国投资者用于支付外国投资者个人需求或生产经营需求的资金。

结束在越南投资活动时可转出国外的利润为外国投资者在越南直接投资期间所获得的利润总和减去用于再投资的资金，在直接投资期间已经转出国外的利润，以及用于外国投资者在越南的其他用途的费用。

外国投资者于企业会计年度内经营盈利，但根据越南企业所得税法规定结转亏损后，该年财务报表仍显示累计亏损时，不得将该年分配或获得的利润转移出越南。

例一：外国投资者甲在越南出资企业，2009年企业亏损40亿盾。2010年企业税前营收30亿盾。企业依法将2009年亏损部分转入2010年会计簿册冲销，2010年企业亏损10亿盾。这样，2010年企业不得对股东分配利润。外国投资者甲不得将2010年的利润转出境外。

例二：2010年企业税前营收50亿盾，依法完成冲销2009年亏损后，税前余额10亿盾。若企业适用25%的营业税率，则应缴营业税2.5亿盾。企业得将税后利润分配给股东，外国投资者甲可将分配到的利润转移回国。

第五条"利润转移出境外的通报"规定，外国投资者应在利润转移出境外至少7天前，直接或授权其参与投资的企业按照规定向直接管理该企业的税务部门报备。

第五节　海关申报程序

一、申报人的责任

申报人应做到：

1. 准备本批货物有关的合规合法的单据、凭证。

2. 如实、正确申报货物。

3. 在申报表上，填写商品编号，逐类货物的税率、计税价值，计算各种应缴税额等。

在向海关申报的填写问题上，可用电脑打印或手写，但必须是同一字体，同一墨色（不用红色）。

凭证、单据如果是复印件，企业的法人应在该复印件上签名和盖章确认。

填好申报表以后，申报人要在表上签名和盖章。

二、提交申请书

（一）出口商品时须提供的材料

1. 工贸部或专职管理部门批准出口商品的文件，原件1份及复印件1份，以便对照检查。

2. 出口商品申报表，按照海关样本填写原件3份。

3. 外贸购销合同，复印件1份。

4. 登记经营证明书和企业登记编码证明书（在每一个海关口岸首批商品办海关申报手续时仅缴纳一次即可）复印件1份。

5. 商品不同一类时，应交商品明细表原件3份。

6. 委托出口商品时，应交委托出口合同复印件1份。

7. 符合出口条件的商品，应交工贸部或专职管理部门的批准书复印件1份。

（二）进口商品时须提供的材料

1. 工贸部或专职管理部门批准进口的文件原件2份，以便与应交的复印件对照检查。

2. 进口商品申请表，依照海关样品填写的原件3份。

3. 外贸购销合同，复印件1份。

4. 运输单，复印件1份。

5. 商贸发货票，原件1份，复印件2份。

6. 企业登记经营证明书和企业登记编码证明书（在每一个海关口岸首批商品办海关申报手续时仅交纳一次即可）应交复印件1份。

7. 委托进口的商品，需交委托进口商品合同复印件1份。

8．符合进口条件的商品应交纳工贸部或专职管理部门的批准书复印件1份。

9．商品不同一类时应交商品明细表原件1份，复印件2份。

10．对于越南准予享受优惠国家的产地国，依照产地证应交原件产地证1份。

11．对于国家规定必须检查商品质量的，提交质量检查登记证原件1份。

12．如是要进行检疫的商品，交检疫证原件1份。

13．如是要进行安全劳动检查的商品，交安全劳动证明书原件1份。

三、申报表的登记

申报表的登记须注意如下事项：

1．对于出口商品，本批商品集中到齐后，办理海关手续的申报人方可填写申请登记表，除了容积大、数量太多的商品或因一时确实不能全部集中在一个地点办手续的特殊情况外。

2．对于可以免税的进口商品、无税商品、税率商品，企业可获准在该商品抵达口岸之前7天向海关申报，填报海关登记表。

3．对于带税进口商品，在货物已经抵达口岸卸货时，企业可以填写申报。

第六章

中越关系

本章导读

☆越南是中国的重要邻邦，两国关系源远流长。在2,000多年的历史长河中，睦邻友好一直是中越关系的主流。超越历史的曲折，经历时间的考验，中越关系不断走向成熟，建立长期稳定、面向未来的全面战略合作关系，既符合两国人民的根本利益，也有利于地区乃至世界的和平、稳定与发展。2005年11月1日，中共中央总书记、国家主席胡锦涛在越南国会发表《增进友好互信，促进共同发展》的主题演讲时，曾以"山水相连，文化相通，理想相同，利益相关"来概括中越关系的独特性。"山水相连"指的是中越两国地缘接壤，互为邻邦；"文化相通"是指中越两民族在价值观念、生活方式、文化习俗等方面有着许多共同点或近似点；"理想相同"指的是中越两国都以和平发展，振兴经济，实现现代化为目标指向；"利益相关"则是指山水相连，文化相通，理想相同以及国情相似等要素，建构了两国之间的共同利益乃至许多利益的相互依托关系。因此，中越关系对两国来说都是一种极为重要的关系。

第一节 古代关系

一、郡县时期

就现代意义的国家关系而言，1950年中越正式建交是两国关系的肇始。然而，中越两个国家之间的联系由来已久。在中国古籍《尚书大传》中就有"尧南抚交趾……交趾之南有越裳国。周公居摄六年，天下太平，越裳以三象九重译而献白雉"的记载。越南史籍《大越史记全书》外纪卷一《鸿庞纪》也曾写道："周成王时，我越始聘于周，称越裳氏，献白雉。"可见中越民族的交往最早可以上溯到秦代以前。

公元前221年，秦始皇统一中原后，派兵南下，平定扬越，于公元前214年置桂林、南海、象郡。其中，象郡的管辖范围大致相当于现今越南的中部和北部。秦朝灭亡后，南海郡尉赵佗乘机发兵击并了桂林和象郡，于公元前207年建立南越国，将象郡划分为交趾、九真二郡。越南古代史学家因此曾把赵佗视为开创越南历史上第一个封建王朝的帝君。之后，自汉代至三国、南北朝、隋、唐诸朝，交趾地区一直隶属中国版图，为中国封建王朝治理之下的郡县。这一段历史，直至公元10世纪中叶才告终止。

二、宗藩时期

公元968年越南独立建国，公元970年正月即"遣使如宋结好"。此后，历代越南封建政权更迭、新主登基之后，都主动采取与中国交好的对外政策，派遣使者北上朝贡和请求册封，在获得中国封建王朝赐予封号的同时，也收取比贡纳更多的回赐物品。中越两国之间的这种宗藩关系，名义上越南是中国的附属国，但实际上越南在内政、外交上都是完全独立的。

中越宗藩关系一直持续到越南沦为法国殖民地的1885年。当年6月，清朝政府与法国在天津签署《中法会订越南条约》，放弃了对越南的宗主国地位，承认法国对越南的"保护权"，中越宗藩关系宣告结束。宗藩关系900多年间，由于种种复杂原因，中越两国之间曾数次兵戎相见，但战火一平息即重归于好。总体看来，睦邻友好始终是两国关系的主流。

三、文化传播

从郡县制确立之时起，汉字及其所承载的中国文化便持续不断地输入越南。南越国时期，赵佗"以诗书而化训国俗，以仁义而固结人心"。汉代锡光、任延两位太守在交趾"建立学校，导之礼仪"。东汉时，交趾太守士燮在当地设塾授徒，"教取中夏经传，翻译音义，教本国人"，被尊为"南交学祖"。到了唐朝，中央政府在安南开办各类学校，发展文化教育，推行科举制度，汉文化在当地得以广泛传播。郡县时期1,000多年中国文化的浸润，使交趾—安南地区"通诗书习礼乐，为文献之邦"，为越南民族文化的发展奠定了厚实的基础。

越南独立建国之后，历代越南封建王朝均借鉴中国的典章文物，仿效中国的官僚制度，并长期借用汉字作为国家正式文字。公元1070年，李朝在京都升龙（今河内市）修文庙，塑孔子、周公及七十二贤像，四时享祀；公元1075年，李朝首开科试，"诏选明经博学及试儒学三场"。后黎朝时期，科举制在越南臻于完备。儒家学说逐渐成为越南统治阶级的立国之本和知识阶层的立身之道。汉文化在越南的传播，较之于郡县时期有过之而无不及。

越南沦为殖民地时期，法殖民主义在政治、经济、文化等方面强行改制，法语被确定为"正统"语言，越语拉丁化拼音文字在一定范围内得以推广应用，西式教育制度逐步确立，1917年，殖民当局宣布废除汉字，1919年，科举制被正式废除。即使如此，中国文化在越南的传播并没有完全中断。汉语借词在越语中仍广泛应用并继续有所增益。20世纪初期，康有为、谭嗣同、严复、梁启超等人撰写、翻译的著作和创办的刊物（越南称之为"新书"）秘密传入越南，对越南资产阶级改良维新运动产生了巨大的影响。20世纪30年代末40年代初，许多中国出版物在越南各地重获翻译、出版和流行，为中越两国之间的文化交流增添了新的内容，鲁迅、巴金、冰心、茅盾、曹禺等中国作家的文学作品，逐渐进入越南读者的审美视野。汉语、汉字和中国文化，在中越两国关系发展的历史长河中，一直扮演着友好使者的角色。

第二节 近代关系

一、在抗击外侵中并肩作战

在越南遭到法国入侵乃至沦为法殖民地期间，在越南人民持续奋起抗击外来侵略的斗争中，同样遭受西方列强凌辱的中国人民以不同的形式，给之予宝贵而有力的支援。

法国侵略者占领了越南南部后，1873年11月挥师北上，在一个月的时间内相继攻陷了河内、兴安、宁平、南定等地，因反清失败于1865年率部进入越南北部的刘永福及时伸出援手，率黑旗军赶赴前线，在河内西郊纸桥与法军展开激战，歼敌1,000余人，击毙法军司令安邺及手下军官多名，取得了著名的"纸桥大捷"。1882年3月，法殖民主义者纠集兵力，再次进犯越南北方，重新攻占了河内以及鸿基、南定等地。危急时刻，阮朝政府又一次向黑旗军求援。1883年5月，刘永福率3,000名黑旗军投入战斗，重创法军，毙敌2,000余人，取得了第二次纸桥大捷。之后，黑旗军还在越南的山西、宣光等地与来犯之敌进行激战，在越南人民抗击法国侵略者的战争中屡建奇功，直至《中法会订越南条约》签署后，刘永福才率部撤回国内。

同样地，中国人民的反帝、反封建斗争也曾得到越南人民的支持。20世纪初，孙中山先生在领导推翻封建专制制度、恢复中华、建立民国的革命进程中，曾多次前往越南，联络、宣传、组织旅越华侨，在河内、海防、西贡等地先后成立同盟会分会，1907年甚至将同盟会领导机关从日本东京迁到了河内。1907至1908年间，孙中山先生发动和领导的钦州、河口等起义，均将策划、指挥机关设在河内，并以越南作为主要补给基地。这些活动，不仅得到广大旅越华侨的踊跃参与和慷慨资助，也得到了越南当地人民的支持。

二、在民族、民主革命中相互支持

中国辛亥革命胜利后，从事抗法活动受阻的越南爱国志士纷纷前来中国，集聚广州，广州一时间成为越南革命重要的海外基地。越南维新会领袖潘佩珠在组织越南青年到日本游学的"东游运动"遇挫、被日本政府驱逐出境后，于1912年初来到广州，在中国革命党人的帮助下，成立越南光复会，组建光复军，在国内开展复国斗争。1917年潘佩珠组建越南国民党，继续在中国广州、杭州、上海等地活动，直至1925年在上海被法国特务逮捕，押送回国。

1924年6月，法国驻印度支那总督梅兰到广州活动，在沙面维多利亚酒店（即现在的胜利宾馆）举行招待会，越南爱国青年范鸿泰决定乘机刺杀梅兰。他化装成一名摄影记者，前去参加招待会，在招待会上扔出2颗炸弹，炸死了法国驻广州总领事，却没能成功刺杀梅兰。行动暴露后，范鸿泰遭到法国军警追捕，纵身跳下珠江，壮烈牺牲。广州人民将他的尸体打捞起来，加以安葬。现在，范鸿泰墓就坐落在广州黄花岗烈士陵园内。

1924年12月，胡志明主席从莫斯科来到广州，为孙中山的苏联顾问鲍罗廷担任秘书兼顾问。次年5月，他将正在广州活动的越南青年组织"心心社"改组为"越南革命青年同志会"，并在广州市文明路13号举办"越南革命青年同志会特别政治训练班"。从1925—1927年，"特别政治训练班"先后举办了3期，每期2~3个月，参加学习的越南学员共计200多人。周恩来、李富春、张太雷、彭湃等中共领导人曾应邀到训练班讲课。"特别政治训练班"为越南革命事业培养了一大批骨干，革命青年同志会的会员们接受训练后，被陆续派遣回国领导革命，其中陈富、黎鸿峰、范文同、阮良朋等，后来相继成为越南党和国家的高级领导人。没有回国而留在中国活动的部分越南革命者，曾奋不顾身地加入中国的北伐战争、广州起义、井冈山武装斗争和二万五千里长征等行列，为中国人民的解放事业做出了积极的贡献。

近代以来，中越两国人民同境况，共命运，互相支持，并肩战斗，共同赋写了中越友谊的崭新篇章。

第三节　现代关系

　　1949年10月1日中华人民共和国的成立，对正处在艰苦卓绝的抗法战争中的越南人民是一个巨大的鼓舞。1950年1月15日，越南民主共和国外交部长黄明鉴照会中国政务院总理兼外长周恩来："为了加强中国与越南民族之间的友谊与合作，越南民主共和国政府决定与中华人民共和国建立正式外交关系，并交换大使"，同时，要求和中华人民共和国建立外交关系。1950年1月18日，周恩来外长照会越南外长："中华人民共和国中央人民政府认为，越南民主共和国政府是代表越南人民意志的合法政府，中华人民共和国中央人民政府愿意和越南民主共和国建立外交关系。"

　　越南民主共和国建立后尚未与任何国家建立正式外交关系，越南人民的抗法战争正处在关键阶段期间，中国率先与越南建交，是世界上第一个承认越南的国家。1950年1月18日这一天成为两国正式建交日，中越两国关系从此进入了一个新的历史发展时期。

一、援越抗法

　　中越两国正式建交后不久，胡志明主席即于1950年1月底秘密访华，在京会见周恩来总理，随后一起前往莫斯科，与斯大林和正在苏联访问的毛泽东主席共同商定了有关越南革命的一些重大问题。访苏结束返回北京，胡志明正式向中共中央提出援越的具体要求。中共中央决定，发扬无产阶级国际主义精神，对越提供无偿援助，尽力支援越南人民的抗法战争。

　　1950年4月起，中国援越物资开始运进越北根据地；与此同时，越军第一批主力部队进入云南接受装备、训练。同年7月，陈赓大将率领工作组，前往越南协助训练越军干部，组织边界战役。8月中旬，以韦国清为团长的军事顾问团进入越南，协助越南人民军进行军队建设和作战指挥。此外，中国还派出以罗贵波为团长的政治顾问团，协助财政经济、整顿干部、建立政权和发动群众工作。

1950年9月16日，边界战役开始打响，经过整整7昼夜的激战，越南人民军歼敌3,000多人，一举解放了中越边界重镇高平。从此，法军对中越边界的封锁被彻底打破，越南人民的抗法战争从相持阶段转向反攻阶段。

在中国军事顾问团的协助下，越南军民先后发动红河中游、宁平、西北等战役，消灭了敌人的大批有生力量，扩大了解放区。抗法战争进入决定性时刻，在中方的大力援助和中国军事顾问团的有效协助下，越军于1954年3月13日发起奠边府战役。经过一个多月的浴血战斗，越军共击毙和俘虏敌军1.6万人。5月7日，奠边府战役告捷。

奠边府战役的胜利为日内瓦协议的签署奠定了基础。从1954年5月8日到7月21日举行的日内瓦会议，有中、苏、越、美、英、法和柬埔寨、老挝、南越8国9方参加，周恩来总理亲自率团出席日内瓦会议，与苏联、越南民主共和国等国家代表团密切配合，为在印度支那结束战争、恢复和平做了大量卓有成效的工作，为各方最终达成协议并于7月21日签署协议做了巨大贡献。

据有关资料统计，在1950—1954年间，为支援越南的抗法战争，中国共向越南提供了各种枪支15.5万多支（挺）、大炮3,690多门、枪弹5,780多万发、炮弹108万余发、手榴弹84万多枚、汽车1,230多辆、油料2.6万余吨，此外还有其他军用物资、医药、粮食、副食品等等。

援越的中国军事顾问团、政治顾问团与胡志明主席等越南领导人以及越南军民在同一道战壕里并肩战斗并结下了深厚的友谊。1953年冬，胡志明主席在百忙中前往中国军事顾问团驻地看望韦国清同志，恰逢韦国清同志到前方考察战场，没能见面，胡主席因此留下一首诗，赠给韦国清同志。诗曰：

百里寻君未见君，

马蹄踏碎岭头云。

归来偶过山梅树，

每朵黄花一点春。

此诗既抒发了胡主席对抗战必胜，"春天"的曙光已然初露的信心，也表达了他对韦国清的厚意亲情，成为一段佳话。

二、经济援助

抗法战争胜利，越南北方恢复了和平。战争刚刚结束，创伤犹需医治，且百业待兴。越南人民着手重建家园，继3年经济恢复和1958—1960年的社会主义改造完成之后，越南北方开始进入社会主义建设时期，并于1961年正式实施第一个"五年计划"。之后，由于南方形势的变化和美国介入、战争升级，越南北方转向战时经济。

在此期间，中国继续向越南提供了包括人力、物力和财力在内的大量的无私援助。中国政府先后派遣经济、技术顾问、专家和工程技术人员，帮助、指导乃至部分参与越南北方的经济建设。1954年底，中国铁路专家、技术员和职工共2,000多人被派往越南，帮助越方修复铁路交通线。仅1955至1959年，中国派往越南的专家、工程技术干部和技术工人就有3,600人。从1950年代到1970年代末，派到越南帮助建设的中国顾问、专家和技术人员共计2万人。中国还帮助越南培养了2.5万多名留学生、研究生和实习生，他们当中的许多人后来成为越南各行各业的专家、骨干，有的甚至成为党和政府的高级领导人。

中国在自己并不富裕、国内经济还存在诸多困难的情况下，为了支持越南的经济建设，连续多年为之提供资金、设备、技术乃至部分原材料，援建了大批基础设施和工业项目。河内电厂、河内针织厂、河内肥皂厂、海防水泥厂、海防搪瓷厂、海防蓄电池厂、越池造纸厂、越池热电厂、越池电解食盐厂、太原钢铁厂、南定纱厂、义安糖厂、山西糖厂、古定铬铁矿、鸿基煤矿、北江陶瓷厂等大、中型企业，就是在中国的援助下建成的。截至20世纪70年代末，中国对越援建的企业共计339个。战后越南经济的恢复、第一个"五年计划"（"二五计划"）的实现及之后经济建设所取得的成果，有中国援助的一份贡献于其中。

三、援越抗美救国

根据日内瓦协议的规定，停战后，以北纬17度为临时军事分界线，暂时将越南分割为南、北两方，两年后通过普选实现国家统一。由于南越伪政权的破坏，日内瓦协议最终没能得到履行。1959年，越南南方人民开始拿起武器，开展反对美伪集团的武装斗争。为了阻止越南北方对南方武装斗争的支持，1964年8月4日，美国导演了"北部湾事件"，出动空中力量，对越南北方的军事基地、部分城市、工业设施以及支援南方的运输线"胡志明小道"进行狂轰滥炸。越南北方一边保卫和建设社会主义，一边坚持支援南方抗战。1965年3月，美军开进南越，直接参加地面作战。越南举国上下进入抗美救国战争时期。

越南人民的抗美救国事业，始终获得中国党、政府和人民的巨大支持。1967年12月20日，毛泽东主席电贺越南南方民族解放阵线成立7周年时庄严宣告："7亿中国人民是越南人民的坚强后盾，辽阔的中国领土是越南人民的可靠后方。"周恩来总理也严正宣布："中国人民将采取一切必要措施，甚至不惜承担最大的民族牺牲，全力支援越南的抗美救国战争。"

抗美救国战争期间，中国一共向越南提供了170多架飞机、500余辆坦克、3.7万余门火炮、216万余枪支、2亿多发枪弹、900多万发炮弹以及其他武器装备；援助了500万吨粮食、200多万吨汽油、数亿米棉布、1.6万余辆汽车、700多艘各种船舶、上百台机车、上千节火车车厢、上百吨成套设备和其他一般物资，还为越南铺设了3,000多公里的输油管道。中国还没有装备自己部队的有些武器，首先用来支援越南；中国自己短缺的有些商品，优先满足越南需要；中国生产不了的，就用外汇买来支援越南；有些工厂甚至停止常规生产，专门制造援越产品。据不完全统计，从1950年到1978年3月，中国援越物资总值超过200亿美元，其中绝大多数是无偿援助。

1965年6月到1973年8月，当越南北方遭到狂轰滥炸，抗美救国最激烈、最关键的时际，中国政府应越方要求，向越南派出了防空、工程、铁道、后勤保障以及排雷等部队，总数达32万余人次。在越南北方执行防空作战，修建和抢修铁路、公路、机场、通信工程、设防工程、海上排雷等任务，和越南军民一起，用鲜血和生命保卫越南北方、支持南方抗战，3,000多名中国军人为此献出了宝贵的生命。现在，在越南北方各地，有40多处中国烈士墓，安葬着1,400多名壮烈牺牲的中国烈士。而越南人民坚苦卓绝的长期抗战，对中国的社会主义革命和社会主义建设事业也是一种难能可贵的支持。

胡志明主席曾以"越中情谊深，同志加兄弟"这样两句诗来形容中越两国人民之间的战斗友谊。

四、中越关系正常化

越南抗美救国战争取得最后胜利，国家统一事业完成后，受当时国际政治格局的制约，由于众所周知的原因，中越关系出现了令人痛心的曲折，两国关系陷入了历时逾10年的低潮。20世纪70年代末期和20世纪80年代中期，中越两国先后实行改革开放和革新开放，并逐步调整各自的对外政策，中越关系逐渐呈现转机。

1990年9月3日，越共中央总书记阮文灵、部长会议主席（即政府总理）杜梅、中央顾问范文同应邀前往中国成都，与江泽民总书记、李鹏总理举行秘密会晤，双方领导人以"总结过去、开辟未来"的精神，就政治解决柬埔寨问题和恢复两国正常关系问题达成共识。会谈结束，江泽民总书记高兴地以"渡尽劫波兄弟在，相逢一笑泯恩仇"的诗句概括了成都会晤取得的重大成果。事后，越共中央总书记阮文灵曾赋有"兄弟之交已数代，瞬间怨仇尽消弭。相逢时际笑颜开，千年情谊再接续"四句诗，作为当时心境的写实。

1991年11月5日至10日，越共中央总书记杜梅、部长会议主席武文杰应邀率领越南党政代表团访华。江泽民总书记、李鹏总理同杜梅总书记、武文杰部长会议主席在北京举行高级会晤，双方发表《联合公报》，中越两国关系正式实现了正常化。

自中越关系正常化至20世纪末，两国关系发展取得了以下具有历史意义的重大成果：

双方共同确定了指导两国关系发展的"十六字方针"。1999年2月，越共中央总书记应邀访华，与江泽民总书记在京举行高级会晤，中越两党最高领导达成共识，在《联合声明》中确定了"长期稳定、面向未来、睦邻友好、全面合作"的指导方针，即"十六字方针"。

基本解决了两国历史遗留下来的边界领土问题。中越关系正常化之后，两国先后恢复了陆地边界领土谈判和海上争议问题谈判。经过双方坚持不懈的共同努力，1999年12月30日，两国政府正式签署了《中华人民共和国和越南社会主义共和国陆地边界条约》；2000年12月25日，正式签署了《中华人民共和国和越南社会主义共和国关于在北部湾领海、专属经济区和大陆架的划界协定》和《中华人民共和国政府和越南社会主义共和国政府北部湾渔业合作协定》。至此，除了南海问题之外，中越之间的历史遗留问题已基本获得解决。

两国经贸合作持续发展，渐入佳境。经济贸易交流与合作是两国关系的重要组成部分，1991年以来，中越两国政府先后签署了《贸易协定》《经济合作协定》《关于鼓励和相互保护投资协定》《中国人民银行与越南国家银行关于结算与合作协定》《关于货物过境的协定》《关于保证进出口商品质量和相互认证的合作协定》《关于成立经济、贸易合作委员会的协定》《关于对所得避免双重征税和防止偷漏税的协定》《边贸协定》等重要文件，为两国经贸合作提供了法制支持。中越关系正常化的1991年，两国双边贸易额仅有3,200万美元，至2000年，两国贸易额已突破24亿美元；中国在越投资项目80多个、协议投资金额近1.8亿美元；中国政府向越提供4,500万美元的无偿援助或无息贷款，启动重大技改项目和推动大型项目合作，两国经贸关系渐入佳境。

第四节　面向21世纪的中越关系

进入新世纪后，中越两国关系遇到了一些新的情况，出现了一些新的问题，但总体看仍保持着继续发展势头，并取得了一些新的发展成果。

两国高层互访频繁，不断推动双边关系向前发展。近10年来，中共中央总书记、国家主席江泽民，政治局常委、全国人大常委会委员长李鹏，中共中央总书记、国家主席胡锦涛，政治局常委、国务院总理温家宝以及其他政治局常委、党和国家领导人曾先后出访越南；越共中央总书记农德孟、国家主席陈德良、国家主席阮明哲、政府总理潘文凯、政府总理阮晋勇、国会主席阮文安、国会主席阮富仲多次来访中国。双方就加强两国关系、深化互利合作和共同关心的国际地区问题深入交换意见并达成广泛共识，发表了多份《联合声明》、《联合公报》或《联合新闻公报》，为两国关系的发展奠定了基础。2002年初，江泽民主席应邀访越时提出了中越两国和两国人民要做"好邻居、好朋友、好同志、好伙伴"。"四好关系"是对"十六字方针"的重要补充。2005年11月，中共中央总书记、国家主席胡锦涛访越，应邀到越南国会发表题为《增进友好互信，促进共同发展》的演讲，指出中越两国"山水相连，文化相通，理想相同，利益相关"，对两国关系进行了精辟的概括。2008年5月30日至6月2日，越共中央总书记农德孟对华进行正式友好访问，双方达成共识，确定建立全面战略合作伙伴关系，将中越关系推向了一个新的高度。

两国多层面、多领域的合作不断扩大。除了高层互访之外，两国党和国家的其他领导人、中央和政府各部门、地方省市以及工商、经贸、文教、科技等界别的交往逐步深化，政治、军事、司法、经贸、科教、文化、旅游等领域的合作不断扩大，民间交往也日益活跃。两国在农林、渔业、交通、医药等领域的科技交流与合作逐步取得进展。中国政府每年都提供100多名奖学金名额，接纳越南大学生、研究生前来留学；越南政府也提供10多个互惠名额，给中国学生到越南学习、进修和研究。随着在对方国家自费留学的两国青年学生持续增加，近年已经达到数百甚至上千人的规模。中国游客赴越南旅游人数，多年来一直维持在40万～60万人之间，而前来中国旅游、观光、购物的越南游客也在逐渐增加。2006年11月，双方正式成立中越双边合作指导委员会，加强对中越各领域合作的宏观指导、统筹规划和全面推进，协调解决合作中出现的问题，为两国睦邻友好与全面合作关系的长期、稳定、健康、持续发展发挥了重要作用。

两国经贸合作不断取得新突破。21世纪中越经济贸易合作关系在投资、工程承包和双边贸易等领域均有明显进展。在投资方面，截至2010年底，中国对越投资的有效项目总数达749个，合同金额约31.85亿美元；其中，2010年新投资项目84个，追加投资的项目11个，合计投资额为3.65亿美元。在工程承包方面，中国公司、企业主要参与路桥、港口、电站（厂）、水利等领域的国际投标活动，截至2008年底，中国公司、企业在越南累计签订对外承包工程以及劳务合作、对外设计咨询的合同金额为110多亿美元。双边贸易成效最为显著。中国对越出口的商品主要是机电产品、工业原材料及辅料等，主要从越南进口矿产资源和农、副产品等。在2000年双边贸易额24.6亿美元的基础上，10年来，两国贸易连续取得重大突破。2004年达到了67.4亿美元，不仅提前超额实现了两国领导人提出的至2005

年双边贸易额达到50亿美元的目标，而且中国还首次超越日本和美国，成为越南最大的贸易伙伴。早在2004年5月和10月两国总理互访时，双方曾就2010年两国贸易额实现100亿美元的目标达成共识，2005年9月，根据两国贸易实际发展的良好势头，双方一致提出至2010年双边贸易额达到150亿美元的新目标。2006年，两国双边贸易额达到106亿美元，2007年更是增至151亿美元的水平。这意味着，100亿、150亿美元的目标再次先后提前实现。2008—2009年，在国际金融风暴的冲击下，世界经济形势不断恶化，外部需求大幅锐减，中越两国的外贸出口也呈总体下滑状态。然而，两国之间的贸易却逆市而上，2008年双边贸易额达194.6亿美元，同比增长了28.8%；2009年双边贸易额突破210亿美元，同比增长了约8.2%。据此，双方再次将2010年的双边贸易目标值提高到250亿美元。从实际结果看，2010年中越两国双边贸易额达270亿美元，超额完成了既定目标。

中越关系的发展既符合两国人民的共同愿望和根本利益，也有利于地区乃至世界的和平、稳定与发展。只要双方遵循"长期稳定、面向未来、睦邻友好、全面合作"的"十六字方针"和永做"好邻居、好朋友、好同志、好伙伴"的"四好精神"，增进互信，加强合作，就一定能获得双赢，共同开创两国关系更加美好的明天。

参考文献

一、专著文章

[1] 戴可来，于向东主编. 越南. 南宁：广西人民出版社，1998

[2] 郭明主编. 中越关系演变四十年. 南宁：广西人民出版社，1992

[3] 范宏贵. 越南民族与民族问题. 南宁：广西人民出版社，1999

[4] 古小松主编. 2002年越南国情报告. 南宁：广西人民出版社，2003

[5] 古小松主编. 2006年越南国情报告. 北京：社会科学文献出版社，2007

[6] 古小松主编. 2010年越南国情报告. 北京：社会科学文献出版社，2011

[7] 张加祥，俞培玲. 越南文化. 北京：文化艺术出版社，2001

[8] 林明华. 越南语言文化散步. 香港：开益出版社，2002

[9] 米良. 越南社会主义共和国经济贸易法律选编. 北京：中国法制出版社，2006

[10]（越）陈玉添. 越南文化基础. 越南河内：教育出版社，2000

[11]（越）潘玉. 越南文化本色. 越南河内：文学出版社，2006

[12]（越）武玉庆. 越南古代文化研究. 越南河内：教育出版社，2007

二、相关网站

[1] 商务部. 对外投资合作国别（地区）指南·越南（2010年版）. 见
http://fec.mofcom.gov.cn/gbzn/upload/yuenan.pdf

[2] 中国驻越南大使馆：http：//vn.china-embassy.org/chn/

[3] 越南电子政府网站：www.chinhphu.vn

[4] 越南工贸部网站：www.moit.gov.vn

[5] 越南教育培训部：http：//www.moet.gov.vn/

[6] 越南文化体育旅游部：http：//www.cinet.gov.vn/

[7] 越南共产杂志网站：www.tapchicongsan.org.vn

[8] 越南统计总局网站：http：//www.gso.gov.vn

[9] 越南经济时报网站：www.vneconomy.vn

[10] 越南投资报网站：www.baodautu.vn

[11] 越南文化网：http：//www.vanhoavietnam.vn/

[12] 越南驻中国大使馆：http：//www.mofa.gov.vn/vnemb.china/zh/
nr050708132120/

附录

一、中越使领馆

中国驻越南大使馆

1. 联系方式

地址：越南河内市黄耀街6号

电话：+844-38453736（白天值班总机）

手机：+844-903441338（昼夜值班）

传真：+844-38232826

邮箱：chinaemb_vn@mfa.gov.cn

网址：www.vn.china-embassy.org/chn

2. 有关处室

（1）办公室

电话：+844-38453737

传真：+844-38232826

（2）政治处

电话：+844-37338063，37334685，37334684

（3）领事部

电话：+844-38235569

传真：+844-37341181

手机：+844-903474865（当地拨打0903474865）

领事部对外办公时间：周一至周五上午8：30至11：00收件、取件。

（4）商务处

电话：+844-37338124，37471695，38438863，37338125

传真：+844-38234286

邮箱：vn@mofcom.gov.cn

网址：http：//vn.mofcom.gov.cn/index.shtml

（5）文化处

电话：+844-38235517

传真：+844-37338064

注：为进一步方便中外公民申办各类涉华领事证件，自2010年6月28日起，中国驻越南大使馆开通了24小时领事证件业务问讯答录电话（中文、越南语）系统。问讯电话号码为+844-38235569，自动语音服务时间为24小时，人工接听时间为周一至周五的上午8：30~11：00和下午14：30~17：00。

越南驻中国使领馆

地址：中国北京建国门外光华路32号

电话：+86-10-65321125或65321155

传真：+86-10-65325720

邮箱：suquanbk@yahoo.com

网址：www.vnemba.org.cn/zh

越南驻广州总领馆

地址：广东广州侨光路8号华厦大酒店B座2楼北部

电话：+86-20-83305910或83305911

传真：+86-20-83305915

邮箱：tlsq.quangchau@mofa.gov.vn

网址：www.vietnamconsulate-guangzhou.org/vi/

越南驻南宁总领馆

地址：广西南宁金湖路55号亚航财富中心27楼

电话：+86-771-5510562

传真：+86-771-5534738

邮箱：tlsqvn@rediffmail.com

网址：www.vietnamconsulate–nanning.org/vi/

越南驻昆明总领馆

地址：云南昆明北京路157号佳华广场酒店C座2楼

电话：+86–871–3522669

传真：+86–871–3516667

邮箱：tlsqcm@yahoo.com

网址：www.vietnamconsulate–kunming.org/vi

越南驻香港总领馆

地址：香港湾仔湾仔道230号佳诚大厦15楼

电话：00852–25914510或25914517

传真：00852–25914524或25914539

邮箱：vnconsul@netvigator.com

网址：www.vietnamconsulate–hongkong.org/vi/

二、驻越中资银行

中国工商银行河内分行

地址：越南河内市巴亭金马路360号大宇宾馆写字楼0105–0106房

电话：+844–62699818

传真：+844–62699822

邮箱：weiyong@vn.icbc.com.cn

中国建设银行胡志明分行

地址：越南胡志明市第一郡巴斯德街111A号Sailing Tower大厦1105
　　　–1106房

电话：+848–382 95533

传真：+848-382 75533

邮箱：webmaster@ccb.com

中国银行胡志明分行

地址：越南胡志明市第一郡阮惠街115 Sunwah Tower大厦第19层

电话：+848-38219949转110或109

传真：+848-38219948

邮箱：webmaster@boc.cn

三、越南政府部门

越南外交部（MOFA）

地址：1 Ton That Dam Str., Hanoi city

电话：+844-8452980

传真：+844-8231872

邮箱：Banbientap@mofa.gov.vn

网址：www.mofa.gov.vn

计划投资部（MPI）

地址：2 Hoang Van Thu Str., Hanoi city

电话：+844-8455298

传真：+844-8234453

邮箱：banbientap@mpi.gov.vn

网址：www.mpi.gov.vn

工商部（MIT）

地址：54 Hai Ba Trung Str., Hanoi city

电话：+844-8258311

传真：+844−2202525

邮箱：bbt@moit.gov.vn

网址：www.moit.gov.vn

贸易部（MOT）

地址：21 Ngo Quyen Str., Hanoi city

电话：+844−8262538

传真：+844−8264696

邮箱：bbt@mot.gov.vn

网址：www.mot.gov.vn

财政部（MOF）

地址：28 Tran Hung Dao Str., Hanoi city

电话：+844−2202828

传真：+844−2208091

邮箱：bbt@mof.gov.vn

网址：www.mof.gov.vn

交通运输部

地址：80 Tran Hung Dao Str., Hanoi city

电话：+844−9424015

传真：+844−9423291

邮箱：tckt@mt.gov.vn

网址：www.mt.gov.vn

农业与农村发展部（MARD）

地址：2 Ngoc Ha Srt., Hanoi city

电话：+844-8241072，8468161

传真：+844-8454319，8241795

邮箱：trangtin@mard.gov.vn

网址：www.agroviet.gov.vn

水产部

地址：10 Nguen Cong Hoan Str.，Hanoi city

电话：+844-7718817，7716269

传真：+844-7716702，8236702

邮箱：ttam.bts@hn.vnn.vn

网址：www.fistenet.gov.vn

资源与环境部

地址：83 Nguyen Chi Thanh Str.，Dong Da Dist，Hanoi city

电话：+844-8343005

传真：+844-8359221

邮箱：baotainguyenmoitruong@gmail.com

网址：www.monre.gov.vn

科学技术部

地址：39 Tan Hung Dao Str.，Hanoi city

电话：+844-9439731

传真：+844-9439733

邮箱：bbt@most.gov.vn

网址：www.most.gov.vn

越南国家银行（SBV）

地址：47–49 Ly Thai To Str., Hanoi city

电话：+844–9343327

传真：+844–9349569

邮箱：webmaster@sbv.gov.vn

网址：www.sbv.gov.vn

越南海关总局

地址：162, Nguyen Van Cu St., Gia Lam Dist, Hanoi city

电话：+844–8725959

传真：+844–8725905

邮箱：webmaster@customs.gov.vn

网址：www.customs.gov.vn

税务总局

地址：123 Lo Duc Str., Hanoi city

电话：+844–9719476

传真：+844–9719476

邮箱：bbtweb@gdt.gov.vn

网址：www.gdt.gov.vn

越南航空公司

地址：Gia Lam Airport, Hanoi city

电话：+844–38320320

传真：+844–38722375

邮箱：glp@vietnamair.com.vn

网址：www.vietnamairlines.com

四、越南主要银行、商会及行业协会

越南投资发展银行（BIDV）

地址：河内还剑湖郡行威坊35号BIDV大厦

电话：+844–22205544

传真：+844–22200399

邮箱：bidv@hn.vnn.vn

网址：www.bidv.com.vn

越南工商银行

地址：河内还剑湖郡陈兴道大街108号

电话：+844–9421030

传真：+844–9421032

邮箱：webmaster@vietinbank.com.vn

网址：www.vietinbank.vn

越南农业和农村发展银行（Agribank）

地址：河内慈廉县美亭乡阮机石路36号

电话：+844–8313717

传真：+844–8313719

邮箱：webmaster@agribank.com.vn

网址：www.agribank.com.vn

西贡工商银行（Saigonbank）

地址：胡志明市第一郡傅德正街02C号

电话：+848–39143183

传真：+848–39143193

邮箱：webadmin@saigonbank.com.vn

网址：www.saigonbank.com.vn

越南工商会

地址：河内市陶维英路9号

电话：+844–35742161

传真：+844–35742020

邮箱：webmaster@vcci.com.vn

越南中国商会

地址：越南河内市巴亭郡讲武路D8号河内酒店M层商务中心

电话：+844–37368950

传真：+844–37368951

邮箱：vietchina@qq.com

越南中国商会胡志明市分会

地址：胡志明市第七郡新富坊阮文灵大路丁善理纪念大楼6层

电话：+848–54135521

传真：+848–54135520

邮箱：cbah@hcm.vnn.vn

越南一中国一东南亚法律信息一咨询中心

地址：河内市巴亭郡竹帛坊五舍街34号

电话：+844–7151341 7151391

传真：+844–8293849

邮箱：vichaslic@vnn.vn

越南青年企业家协会

地址：越南河内赵夫人街64号

电话：+844-8228227

传真：+844-9431861

邮箱：dnt@hn.vnn.vn

越南咖啡与可可协会

地址：越南河内翁益谦路5号

电话：+844-8452818

传真：+844-7337498

越南茶叶协会

地址：越南河内二征夫人街92号

电话：+844-8213710

传真：+844-8212663

邮箱：vicofa@hn.vnn.vn

越南水产品加工与进出口协会（VASEP）

地址：越南河内巴亭郡玉庆坊阮公欢路10号

电话：+844-7115055

传真：+844-7715084

邮箱：vasep@fpt.vn

网址：www.vasep.com.vn

越南电子工业行业协会

地址：越南河内栋多郡二征夫人郡79号6楼

电话：+844-9433961

传真：+844-9433961

邮箱：veia-vn@hn.vnn.vn

越南服装与纺织协会

地址：越南河内二征夫人街25号

电话：+844-9349608

传真：+844-8262269

邮箱：vitashn@hn.vnn.vn

越南木材与林产协会

地址：越南河内二征夫人郡铸坊街127号

电话：+844-9721662

传真：+844-9717150

邮箱：vifores@fpt.vn

越南粮食协会

地址：越南胡志明市第三郡阮氏明开街210号

电话：+848-9302613/14

传真：+848-9302704

邮箱：vietfood@hcm.vnn.vn

越南塑胶协会

地址：越南胡志明市第三郡李正胜街180-182号

电话：+848-2905017

传真：+848-2905021

邮箱：vpa@vietnamplastics.com

越南西贡塑胶协会

地址：越南胡志明市第五郡冯兴路192号

电话：+848-8536675

传真：+848-8572659

邮箱：vspa@hcm.vnn.vn

越南化工制品协会

地址：越南河内巴亭郡讲武街138B号

电话：+844-7365890

传真：+844-8465224

邮箱：vnpca@fpt.vn

越南水果协会

地址：越南河内阮丙谦街58号

电话：+848-8296098

传真：+848-8296098

邮箱：vinafruit@hcm.vnn.vn

越南汽车摩托车制造商协会

地址：越南河内栋多郡孙德胜街231号

电话：+844-8512522，8513282

传真：+844-8517617

邮箱：vbma@hn.vnn.vn

越南饮料协会

地址：越南河内二征夫人郡铸坊街94号

电话：+844-8211285

传真：+844–8218433

邮箱：hhrb@hn.vnn.vn

越南腰果协会

地址：越南同奈省边和市河内Highway

电话：+848–8239707

传真：+848–8290106

邮箱：vinacas@saigonnet.vn

越南水泥协会

地址：越南河内二征夫人郡黎大行街37号

电话：+844–9740916，9740917

传真：+844–9740918

邮箱：cemass@fpt.vn

越南钢铁协会

地址：越南河内栋多郡朗下街91号

电话：+844–5144056

传真：+844–5142492

邮箱：cuongpc@excite.com

越南烟草协会

地址：越南胡志明市第五郡陈富路152号

电话：+848–8354546

传真：+848–8323732

邮箱：vta@vnn.vn

越南稻米出口协会

地址：越南河内巴斯德路135号

电话：+844-8252337

传真：+844-9343894

邮箱：ktdnlt@fpt.vn

越南工艺美术品和木制品协会

地址：越南胡志明市章阳渡街51号

电话：+848-9316529

传真：+848-9143770

邮箱：hawa@hcm.fpt.vn

越南香料和化妆品协会

地址：越南胡志明市第十郡和中坊11Q号

电话：+848-8629798

传真：+848-8629798

越南陶瓷和建筑材料协会

地址：越南河内巴亭郡朗下街2号

电话：+844-8314053

传真：+844-8314104

邮箱：vacc@hn.vnn.vn

越南钛协会

地址：越南河内尹氏点街30B号

电话：+844-8233775

传真：+844-8456943

邮箱：vncm&lk@vista.gov.vn

越南工艺美术品协会

地址：越南河内还剑湖郡吴权街31–33号905房

电话：+844–2420875

传真：+844–8259275

邮箱：hrpc@fpt.vn

五、越南主要媒体

越通社

地址：越南河内市李常杰路79号

电话：+844–39411349

传真：+844–39411348

邮箱：vietnamplus@vnanet.vn

网址：www.vietnamplus.vn

越南电视台

地址：越南河内市阮志青路43号

电话：+844–8354992

传真：+844–8350882

邮箱：banbientap@vtv.vn

网址：www.vtv.org.vn

越南之声广播台

地址：越南河内市馆使街58号

电话：+844–39344231

传真：+844–39344230

邮箱：toasoan@vovnews.vn

网址：www.vov.org.vn

人民日报

地址：越南河内市行仲街71号

电话：+844-38254231，38254232

传真：+844-38255593，38289432

邮箱：toasoan@nhandan.org.vn

网址：www.nhandan.com.vn

越南经济时报

地址：越南河内市纸桥郡黄国越路96号

电话：+844-37552060，37552059

传真：+844-37552046

邮箱：editor@vneconomy.vn

网址：www.vneconomy.vn

六、越南主要大学

河内国家大学

地址：越南河内市纸桥郡春水路第144号

电话：+844-7549042

传真：+844-7547724

邮箱：webmaster@vnu.edu.vn

网址：www.vnu.edu.vn

胡志明市国家大学

地址：越南胡志明市守德郡灵中坊第6街区

电话：848–37242181，37242160

传真：848–37242057

邮箱：webmaster@vnuhcm.edu.vn

网址：www.vnuhcm.edu.vn

太原大学

地址：越南太原省太原市新定坊

电话：+84–280–3852650

传真：+84–280–3852665

邮箱：vanphong.dhtn@moet.edu.vn

网址：www.tnu.edu.vn

顺化大学

地址：越南顺化市黎利路3号

电话：+84–54–3825866

传真：+84–54–3835902

邮箱：office@hueuni.edu.vn

网址：www.hueuni.edu.vn

岘港大学

地址：越南岘港市黎笋路41号

电话：+84–511–3832678，+84–511–3817533

邮箱：webmaster@ud.edu.vn

网址：www.ud.edu.vn

芹苴大学

地址：越南芹苴市宁乔街二月三日路

电话：+84-710-3832663，+84-710-3832660

传真：+84-710-3838474

邮箱：dhct@ctu.edu.vn

网址：www.ctu.edu.vn

归仁大学

地址：越南平定省归仁市安阳王路170号

电话：+84-56-846156

传真：+84-56-3846089

邮箱：dhqn@qnu.edu.vn

网址：www.qnu.edu.vn

荣市大学

地址：越南义安省荣市黎笋路182号

电话：+84-38-866452

传真：+84-038-3855269

邮箱：webmaster@Vinhuni.edu.vn

网址：www.vinhuni.edu.vn

国民经济大学

地址：越南河内市二征夫人郡解放路207号

电话：+844-36280280

传真：+844-36.283.345

邮箱：webmail.neu.edu.vn

网址：www.neu.edu.vn

胡志明市经济大学

地址：越南胡志明市第三郡阮廷炤路59C号

电话：+848-38295299

传真：+848-38250359

邮箱：tchc@ueh.edu.vn

网址：www.ueh.edu.vn

河内师范大学

地址：越南河内纸桥郡春水路136号

电话：+084-37547823

传真：+84-37547971

邮箱：email@hnue.edu.vn

网址：www.hnue.edu.vn

胡志明师范大学

地址：越南胡志明第五郡安阳王路280号

电话：+848-8352020，8352021

传真：+848-398946

邮箱：webmaster@hcmup.edu.vn

网址：www.hcmup.edu.vn

河内医科大学

地址：越南河内栋多郡孙室丛路1号

电话：+844-38523798

传真：+844-38525115

邮箱：daihocyhn@hmu.edu.vn

网址：www.hmu.edu.vn

河内大学

地址：越南河内青春郡阮廌路9号

电话：+844-38544338

传真：+844-38544550

邮箱：hanu@hanu.vn

网址：www.hanu.edu.vn